Les meilleures recettes
pendant une

chimiothérapie

ou une *radiothérapie*

José van Mil

en collaboration avec

Christine Archer-Mackenzie

Les meilleures recettes
pendant une

chimiothérapie

ou une *radiothérapie*

Photographies par Henk Brandsen

Traduit de l'anglais par Élisa-Line Montigny

Guy Saint-Jean
ÉDITEUR

Catalogage avant publication de Bibliothèque et Archives nationales du Québec et Bibliothèque et Archives Canada

Mil, José van
Les meilleures recettes pendant une chimiothérapie
Traduction de: *Healthy eating during chemotherapy*.
Comprend un index.
ISBN 978-2-89455-342-8
1. Cancer - Diétothérapie - Recettes.
I. Archer-Mackenzie, Christine. II. Titre.
RC271.D52M5414 2010
641.5'631
C2009-942337-5

Nous reconnaissons l'aide financière du gouvernement du Canada par l'entremise du Programme d'Aide au Développement de l'Industrie de l'Édition (PADIÉ) ainsi que celle de la SODEC pour nos activités d'édition.

 Patrimoine canadien / Canadian Heritage   Canadä   SODEC Québec

Gouvernement du Québec — Programme de crédit d'impôt pour l'édition de livres — Gestion SODEC

Publié originalement en Grande-Bretagne, en 2008, par Kyle Cathie Limited
23 Howland Street, Londres W1T 4AY.
www.kylecathie.com
© pour le texte José van Mil et Christine Archer-Mackenzie 2008
© pour les photographies Henk Brandsen 2008
© pour la conception graphique Kyle Cathie Limited 2008

Rédaction: Suzanna de Jong
Conception: pinkstripedesign@hotmail.com
Révision: Anna Hitchin
Correction d'épreuves: Lesley Levene
Adjointe à la rédaction: Vicki Murrell
Index: Alex Corrin
Conseillères en économie domestique:
José van Mil, Hanneke Boers et Nadia Zerouali
Accessoires: Jan Willem van Riel
Production: Sha Huxtable
Pré-presse: Scanhouse

© Pour l'édition en langue française
Guy Saint-Jean Éditeur Inc, 2009
Infographie: Christiane Séguin
Traduction: Élisa-Line Montigny
Révision: Jeanne Lacroix

Dépôt légal — Bibliothèque et Archives nationales du Québec, Bibliothèque et Archives Canada, 2009
ISBN: 978-2-89455-342-8

Distribution et diffusion
Amérique: Prologue
France: De Borée
Belgique: La Caravelle S.A.
Suisse: Transat S.A.

Guy Saint-Jean Éditeur inc.
3154, boul. Industriel, Laval (Québec)
Canada, H7L 4P7. 450 663-1777.
Courriel: info@saint-jeaneediteur.com
Web: www.saint-jeaneediteur.com

Guy Saint-Jean Éditeur France
30-32, rue de Lappe, 75011 Paris, France.
011 33 09 50 76 40 28.
Courriel: gsj.editeur@free.fr

Imprimé à Singapour

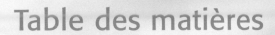

Table des matières

Tout un monde à qui dire merci

Rêver d'accomplir quelque chose, c'est une chose. Réaliser ce rêve en est une autre. On a tous besoin de l'appui, de l'enthousiasme, de l'encouragement, de l'inspiration, des connaissances professionnelles et des commentaires des personnes qui nous entourent. J'ai été particulièrement choyée, notamment par l'apport du Dr Christine (Chrissie) Archer-Mackenzie qui a consacré énormément de temps et d'énergie à créer une base solide pour la réalisation du présent ouvrage grâce à ses conseils médicaux, nutritionnels et liés au cancer. Marja Lantinga, diététiste à VUMC, qui m'a conseillée sur les aliments tolérés et non tolérés par les patients, et sur d'autres sujets liés à l'alimentation et au cancer. Il y a bien sûr mon mari, l'auteur Paul Somberg qui, malheureusement, a été à la fois patient et auteur anonyme à l'occasion, et aussi ma très grande amie Ruth Archer qui a lu, relu et re-relu le manuscrit et m'a aidée à garder l'esprit vif, comme l'ont fait Olga van Itallie, Lia Brouwer, Carla van Mil et Katinka Paul.

La réalisation d'un livre ne serait pas possible sans les efforts de toute une équipe. J'ai bien trouvé les mots et les recettes qui composent le présent ouvrage, mais il y a plus. L'équipe de photographie a réussi avec brio à présenter les plats de façon aussi attrayante et réaliste que possible. Quel beau travail vous avez accompli, Henk, Jan Willem, Hanneke et Nadia. Je vous remercie du fond du cœur pour votre professionnalisme et votre appui.

Bien sûr, toutes les recettes ont été largement testées. Tout d'abord, dans ma cuisine (merci encore à Jasper et à Nadia), et ensuite par plusieurs autres personnes, en traitement, qui éprouvaient des difficultés à manger. C'est dans des conditions extrêmement difficiles qu'ils ont franchi des frontières pour venir goûter les recettes. Merci beaucoup Paul, Jorien, Ron, Reina et tous les autres qui, en dépit de leur maladie, ont confirmé — et c'était très encourageant — que mon approche des aliments pour les patients en radiothérapie et en chimiothérapie avait eu un effet positif sur eux.

Un livre, ça s'écrit, mais il faut aussi le faire connaître au public. Merci Kyle Cathie, Suzanna de Jong (mon guide très fiable et très professionnel), Anna Hitchin, Lesley Levene, Mark Latter, John Voskens de Inmerc (qui a cru au projet dès le départ), Chris van Koppen (tu es merveilleux) et le dernier mais non le moindre, Frits Poiesz, un partenaire exceptionnel qui a su aplanir toutes les difficultés de dernière minute qui restaient.

Pour terminer, je dois une fière chandelle à ma grand-mère «Oma Dien» qui m'a donné un premier aperçu de la valeur de certains aliments dans le cas de maladies. Elle m'a emmené cueillir des mûres sauvages pour en faire du jus qui guérirait ma sœur de la rougeole. Ça a fonctionné.

Ma source d'inspiration: vous

Pour écrire ce livre de cuisine, je me suis inspirée de Paul, mon mari exceptionnel, mais aussi de Ian, de Mignon, de Ron et de tous ceux — patients et leurs aidants — qui, soudainement, éprouvent des difficultés à manger pendant leur chimiothérapie et leur radiothérapie. Je dédie ce livre à Paul et à toutes ces personnes, et j'espère ardemment qu'ils sauront y trouver un peu de joie et prendre plaisir à bien manger et boire et à maintenir leur niveau d'énergie.

José van Mil

Introduction

La dure réalité

D'un seul coup, le monde a basculé. Quelque chose n'allait vraiment pas chez mon mari. Il ne s'agissait pas d'un rhume, ni d'un mal de dos ou d'une vague de fatigue. C'était beaucoup plus grave. Le mot à lui seul m'a fait frémir: cancer.

Des traitements draconiens devaient débuter immédiatement pour contrôler la situation. Dans le cas de mon mari, chimiothérapie et radiothérapie se profilaient à l'horizon. Afin de surmonter ce coup dur, mon mari ne devait pas perdre de poids par manque de nourriture ou d'appétit. Habituellement, il adore manger. Mais ses traitements avaient un effet néfaste sur lui. Manger l'accablait, et il n'était pas le seul. Je me rendis compte que cette situation était courante.

J'ai donc mis mon expérience de chef à contribution pour élaborer une méthode qui l'aiderait à manger. Christine Archer-Mackenzie a amélioré ma méthode et y a apporté plusieurs éléments d'un point de vue médical. Marja Lantinga, une diététiste en oncologie, m'a conseillée relativement aux aliments que les patients peuvent consommer et ceux qu'ils refusent de manger. Elle m'a aussi fait voir plusieurs autres aspects relatifs aux aliments et au cancer. La méthode a été efficace: pendant toute sa radiothérapie, sa chimiothérapie intense et sa greffe de cellules souches, mon mari n'a presque pas perdu de poids. Peu après, il a repris toutes ses forces et son appétit était revenu à la normale. Depuis, d'autres patients ont essayé ma méthode. La plupart d'entre eux ont continué à manger et leurs commentaires m'ont été fort utiles.

Cet ouvrage n'est pas une cure miracle, mais bien un guide pour aider les personnes atteintes d'un cancer à continuer de manger afin de mieux se rétablir de leur traitement. Cela vaut le coup d'essayer.

Soyez courageux et gardez le moral.

José van Mil

Le cancer et la nourriture

Qu'est-ce que le cancer?

Les cellules sont continuellement remplacées. Chaque partie de notre corps a une fonction propre et fait appel à des cellules spécifiques pour le faire. Les cellules se multiplient en se divisant d'abord, créant une copie exacte d'elles-mêmes comportant la même information génétique (ADN). Normalement, la division cellulaire se fait de façon contrôlée et le nombre de cellules demeure sensiblement le même pendant la durée de vie adulte. Parfois, une anomalie se produit, causant une division plus rapide des cellules. Le corps est muni d'un mécanisme de contrôle de ces dernières. Or, s'il cesse de fonctionner, il entraîne une accélération de la réplication des cellules «défectueuses» qui absorbent plus de nutriments et se divisent encore plus rapidement et forment une tumeur. Lorsqu'elles demeurent isolées, elles sont qualifiées de cellules bénignes ou non cancéreuses. Si elles ont la capacité d'envahir des tissus avoisinants, on les appelle des cellules cancéreuses et donnent lieu à des tumeurs cancéreuses. Lorsque ces dernières envahissent d'autres parties du corps, il s'agit d'une métastase.

Les traitements contre le cancer

LA CHIRURGIE

C'est le traitement le plus ancien. Elle sert autant à poser un diagnostic de cancer qu'à le traiter et peut s'avérer le seul traitement requis ou ne pas être nécessaire, selon le type de cancer et où il est logé. La chirurgie est parfois conjuguée à de la chimiothérapie et à de la radiothérapie.

LA CHIMIOTHÉRAPIE

Elle sert, avec la radiothérapie, à empêcher la prolifération de cellules cancéreuses. Elle y parvient en perturbant leur ADN et les empêchant de se reproduire, et peut aussi entraîner le «suicide» de certaines cellules cancéreuses. La chimiothérapie implique l'injection de médicaments anticancéreux dans le système sanguin. Ce traitement puissant tue à la fois les cellules cancéreuses et les cellules saines. Le corps lutte alors contre le cancer mais doit aussi remplacer les cellules saines qui ont été endommagées par les médicaments de chimiothérapie. Ces traitements, en particulier la radiothérapie, ont des répercussions sur les parois du tube digestif, le follicule pileux et la moelle osseuse, d'où les problèmes buccaux et de la gorge, la chute de cheveux, l'anémie, les saignements et l'incapacité à combattre les infections.

LES EFFETS SECONDAIRES

La chimiothérapie s'accompagne de changement de l'odorat et du goût, nausées, vomissements, ulcérations buccales, anémie, changement dans les selles, fatigue, douleurs et perte de poids. En général, les patients se sentent fatigués et léthargiques, ce qui peut entraîner un manque d'appétit.

L'importance de la nourriture

Lors des traitements anticancéreux, la nourriture revêt une très grande importance. Pour maintenir leur poids et leurs forces, pour éviter la détérioration des tissus corporels, pour régénérer les tissus et pour combattre les infections et la fatigue, les patients doivent avoir un soutien nutritionnel adéquat. Parallèlement, les effets secondaires peuvent toucher l'absorption et la digestion des aliments, entraînant un risque pour la santé des personnes atteintes. Une attention particulière à l'alimentation du patient peut grandement augmenter sa qualité de vie.

Un soutien nutritionnel adéquat aide l'appétit, réduit le degré de toxicité du traitement et peut atténuer les effets secondaires, améliorant considérablement le taux de survie des patients.

L'idée que la nourriture favorise la santé n'est pas récente. Il y a plus de 4 000 ans, les Égyptiens et les anciens Grecs utilisaient le miel dans le traitement des brûlures, des plaies et des blessures. Hippocrate (460-377 avant J. C.) était convaincu des bienfaits d'une saine alimentation: «Considérez les aliments comme vos médicaments et les médicaments comme faisant partie de votre alimentation», et insistait sur l'importance de consommer des plantes et des herbes fraîches.

POURQUOI CERTAINS ALIMENTS SONT-ILS PLUS IMPORTANTS QUE D'AUTRES DANS L'ALIMENTATION DE PERSONNES ATTEINTES D'UN CANCER?

En 1990, des composés phytochimiques ont été découverts dans les fruits et légumes. Ces composés les protègent contre des maladies, l'oxydation, l'infestation d'insectes et la radiation. Ces composés, les phytonutriments, ont un effet comparable sur notre corps. Ils renferment des propriétés anti-inflammatoires, antibactériennes et anticancéreuses. L'American National Cancer Institute étudie présentement l'importance de ces éléments dans la prévention et le traitement du cancer. Il faudra plusieurs années pour découvrir avec plus de précision le rôle que jouent ces substances. Vous trouverez ci-contre une liste d'aliments qui renferment des phytonutriments et pourraient produire des résultats prometteurs dans la lutte contre le cancer.

LES ANTIOXYDANTS

Afin de comprendre l'importance des antioxydants, il faut d'abord parler des radicaux libres. L'oxygène, qui est utilisé par les cellules de notre corps, est essentiel à nos mécanismes de base. Les radicaux libres sont un produit naturel du processus d'oxydation. Ils circulent à travers les cellules, causant des dommages à l'ADN et aux membranes cellulaires, et favorisent parfois le développement d'un cancer.

Les antioxydants permettent aux cellules cancéreuses précoces de redevenir saines. Ils peuvent aussi prévenir le cancer en diminuant les niveaux de radicaux libres dans le corps.

Pour comparer l'effet des radicaux libres et des antioxydants, songez à la transformation d'un avocat une fois que sa chair est exposée à l'air. L'avocat brunit à cause de l'oxydation qui produit des radicaux libres. Versez du jus de citron (antioxydant) sur l'avocat aussitôt après l'avoir coupé et vous constaterez qu'il ne brunit pas.

Plusieurs aliments contiennent des antioxydants qui peuvent agir comme outil de soutien aux traitements contre le cancer. Leur puissance varie énormément. Voici quelques exemples d'aliments à teneur élevée en antioxydants:

Phénols — baies, raisin, moutarde, huile d'olive, graines de sésame et thé.

Sélénium — un puissant antioxydant efficace surtout lorsqu'il est combiné à la vitamine E. Les avocats, les noix du Brésil, la levure de bière, les produits céréaliers, les grains, les crustacés et les graines de sésame en contiennent.

Vitamine E — les avocats, les jaunes d'œufs, les noix, l'huile d'olive, les graines, le thon et le germe de blé en comportent.

Bêta-carotène — les fruits et légumes de couleurs vives en renferment, surtout ceux au pigment jaune; ils agissent comme un antioxydant qui peut prévenir le cancer. Les bonnes sources: abricots, betteraves, brocoli, cantaloup, carottes, cerises, pêches, poivrons, citrouille, épinards, courges et patates douces.

Vitamine C — elle protège les cellules normales et a un effet sensibilisant sur les cellules cancéreuses. Les groseilles, les agrumes, le persil, l'églantier et tous les fruits et légumes en contiennent.

Bioflavonoïdes — ces pigments, que l'on trouve dans les fruits et légumes, freinent ou ralentissent la croissance de cellules cancéreuses; les abricots, les citrons et les melons en sont une bonne source. Bon nombre d'aliments contiennent à la fois des bioflavonoïdes et de la vitamine C qui, jumelés, semblent avoir un effet favorable sur le système immunitaire, important pendant la chimiothérapie. Parmi les aliments qui contiennent à la fois de la vitamine C et des bioflavonoïdes, notons la peau des raisins et l'écorce des agrumes.

Le thé vert a un taux élevé d'antioxydants, le lycopène aussi (dans les tomates cuites), le jus de grenade et les artichauts, alors que le curcuma agit comme antioxydant auprès des cellules normales et peut entraîner la mort des cellules cancéreuses.

AUTRES PHYTONUTRIMENTS ET ALIMENTS BÉNÉFIQUES

Les champignons shiitaké renferment un composé appelé «lentinan» réputé pour cesser ou ralentir la croissance des tumeurs et pour son effet positif sur le système immunitaire. Au Japon, il est administré aux patients en traitement pour un cancer du poumon, du nez, de la gorge et de l'estomac.

Des recherches en cours soulignent les bienfaits potentiels des **phytoestrogènes**, surtout dans le cas de cancers liés aux hormones comme celui du sein et celui de la prostate. Ils sont efficaces pour bloquer les estrogènes qui favorisent le cancer et peuvent diminuer l'effet toxique de la chimiothérapie et de la radiothérapie. Les graines de lin, la rhubarbe et le soja en contiennent.

Une substance appelée **IP6** — présente dans les cellules animales et végétales — semble entraver la croissance de cellules cancéreuses en les modifiant afin qu'elles deviennent plus normales. Les légumes crus, surtout le brocoli, le chou et le chou-fleur et ceux à teneur élevée en fibres, contiennent une grande quantité d'IP6.

Il existe des preuves à l'effet que les **acides gras oméga-3** comportent des bienfaits précis pour les patients en

chimiothérapie, réduisant la croissance de tumeurs. Les acides gras oméga-3, essentiels à la santé, ne sont pas produits par le corps et doivent être obtenus par les aliments. On en trouve dans le poisson comme l'achigan, la morue, le flétan, le hareng, le maquereau, le saumon, les sardines, le requin et le thon. Les plantes, de même que les graines de lin, les haricots rouges et fèves de soja, en contiennent aussi.

Les aliments riches en **protéines** sont importants; ils aident à régénérer et à réparer les tissus, à conserver la masse musculaire et renforcent le système immunitaire. Après une chirurgie et pendant les traitements, le corps a généralement besoin d'un apport supplémentaire de protéines pour aider à la cicatrisation et à prévenir les infections. Les meilleures sont celles qui se trouvent dans les aliments faibles en gras saturés: œufs, poissons, viandes maigres, produits laitiers écrémés ou faibles en gras, noix, volaille, légumineuses, graines et produits de soja.

Des recherches ont démontré que le **miel** a des propriétés curatives et antibactériennes et aide le système immunitaire. Les recettes sucrées du présent ouvrage utilisent souvent du miel plutôt que du sucre.

À éviter

Éliminez autant que possible les aliments transformés et raffinés, choisissez les denrées fraîches et biologiques. Lisez attentivement les étiquettes des aliments pour éviter les additifs chimiques. Un lien a été établi entre les sucres raffinés et les édulcorants comme l'aspartame, que l'on trouve souvent dans les yogourts, les céréales et les plats cuisinés, et plusieurs maladies, dont le cancer. Il est préférable de les éviter.

Des conseils pour certains types de cancer

Informez-vous auprès de votre oncologiste et de votre diététiste quant aux aliments à privilégier et ceux à éviter selon le type de cancer que vous avez.

Les patients atteints d'un **cancer affectant la tête ou le cou**, incluant ceux de l'œsophage et gastriques, requièrent des conseils supplémentaires. Ils ont souvent la bouche sèche et nécessitent des aliments mous ou très moelleux. Certaines personnes préfèrent les aliments à forte saveur. Les aliments acidulés peuvent aider à stimuler la sécrétion de salive. Or, les aliments acides ou épicés sont souvent mal tolérés. Le raisin et les melons très froids font d'excellentes collations.

Les personnes atteintes d'un **cancer œsogastroduodénal** risquent d'être sous-alimentées compte tenu de l'inconfort des malaises résultant de la diarrhée et d'un côlon irritable. Évitez les haricots et les fruits séchés, les céréales riches en fibres, le lait et les produits laitiers, les noix, le maïs éclaté, les graines et le maïs. Consommez plutôt des aliments pauvres en résidus et faibles en fibres comme la compote de pommes, les bananes, le riz et le pain grillé. Évitez la déshydratation en buvant beaucoup, par petites gorgées et en augmentant graduellement la quantité.

Les patients souffrant d'un **cancer de la prostate ou du sein** — d'origine hormonale — tireront souvent avantage d'une alimentation exempte de lait et de produits laitiers. On prétend que les hormones destinées aux jeunes veaux, souvent présentes dans les produits laitiers, sont à blâmer. Il est vrai qu'en Chine, où on ne consomme presque pas de produits laitiers, les cas de cancer de la prostate et du cancer du sein sont rares. On peut remplacer les produits laitiers par des laits de coco, d'avoine, de riz et de soja.

Les suppléments alimentaires

Les bienfaits des compléments alimentaires ne sont pas encore éprouvés. Certains experts conseillent d'éviter, pendant les traitements, les compléments comportant des antioxydants, prétendant qu'ils peuvent contrecarrer l'efficacité de la chimiothérapie. Selon eux, les antioxydants présents dans les aliments devraient suffire. Or, d'autres chercheurs estiment que la prise d'antioxydants supplémentaires peut aider à protéger les cellules normales contre les dommages associés à la chimiothérapie. Après un traitement, certains praticiens recommandent la prise de suppléments. Vérifiez toujours auprès de votre oncologiste avant d'en prendre.

Quel est le problème?

Les effets secondaires désagréables qui accompagnent habituellement une chimiothérapie auront une incidence profonde sur votre quotidien et votre appréciation des aliments. Le cancer autant que les effets secondaires du traitement changeront vos habitudes alimentaires.

Différents types de cancers ont différentes incidences. La nausée, les vomissements et la diarrhée sont particulièrement problématiques; bien des gens perdent du poids parce qu'ils ne réussissent pas à digérer les aliments. Ils faiblissent et leur rétablissement en est compromis. Si votre cancer touche votre bouche, votre gorge ou votre système digestif, il y a de fortes chances que votre appétit soit aussi affecté.

Les effets secondaires de votre traitement risquent aussi d'avoir d'importantes répercussions. La sécrétion moins abondante de salive fera que votre bouche sera sèche. Vos muqueuses peuvent s'infecter et rendre la déglutition difficile, parfois douloureuse. Les ulcères peuvent assécher la bouche et la gorge et les rendre douloureuses; les sensations buccales sont changées. Certains médicaments entraînent aussi de la constipation. Différents obstacles rendront l'idée de manger rebutante et parfois même répugnante.

Tous vos sens sont perturbés

Les goûts habituels — sucré, sûr, aigre, salé — ne seront plus les mêmes. Les sensations et expériences gustatives auxquelles vous êtes habitué sont remplacées par d'autres, parfois désagréables. Soudainement, vos mets, collations et même vos fruits préférés ont mauvais goût. L'eau du robinet aura peut-être un goût acidulé tandis que les saveurs épicées pourraient devenir très amères. Pour certains, le jus d'orange, pourtant une boisson santé, entraîne une sensation de brûlure de la gorge jusque dans leur estomac.

Les autres sens risquent aussi d'être touchés. L'odeur des aliments peut être très gênante et même entraîner des nausées ou des vomissements. La vue d'un repas copieux, ou même de quelqu'un qui prend plaisir à manger avec avidité, peut vous dégoûter.

Les difficultés physiques compliquent l'heure des repas; mais l'aspect psychologique également. Il se peut que vous vous sentiez menacé, confus et apeuré, en état de rébellion, de choc et de déni. Manger devient problématique. Parce que manger est difficile et douloureux, cela ne fait qu'exacerber le sentiment de peur et de confusion d'une situation déjà extrêmement éprouvante.

Faire de son mieux en dépit de la situation

C'est souvent pendant les repas que les gens en profitent pour échanger et discuter de leur journée. Lorsque l'une des personnes réunies autour de la table est traitée pour un cancer, le menu doit faire l'objet d'une attention particulière. La personne qui cuisine doit être consciente du type d'aliments que le patient peut consommer et de ses envies, qui changeront de jour en jour. Il s'agit souvent d'identifier la bonne texture et la bonne température des aliments, et si le patient préfère manger salé ou sucré. C'est avec le temps et en faisant des essais que vous verrez ce qui vous convient le mieux.

Vos habitudes alimentaires seront imprévisibles. Bien des personnes craignent de décevoir le cuisinier si elles ne prennent qu'une bouchée. Il se peut qu'elles ne puissent pas manger du tout, ou préférer autre chose. Les heures de repas sont chamboulées: vous mangerez ce que vous pourrez lorsque vous le pourrez. La bonne nouvelle est que la plupart des effets secondaires disparaissent peu après la fin du traitement.

Les objectifs du présent livre:

1 Inciter les personnes en chimiothérapie et en radiothérapie à manger ce qu'elles peuvent lorsqu'elles le peuvent afin de prévenir la perte de poids et les aider à maintenir leurs forces.

2 Veiller à ce que les ingrédients qui entrent dans la composition des plats destinés aux personnes en chimiothérapie et en radiothérapie soient bénéfiques.

3 Fournir une aide, de l'encouragement et de l'inspiration aux personnes qui cuisinent pour quelqu'un qui est traité pour un cancer.

4 Aider les personnes à apprécier ce qu'elles mangent et boivent autant que possible et à l'intérieur des limites de leur traitement.

La méthode

Le présent ouvrage a une mission à accomplir. Il vise à aider les patients et leurs aidants à surmonter, dans la mesure du possible, les différents désordres alimentaires qu'entraînent la chimiothérapie et la radiothérapie. Pendant le traitement, l'intensité de ces problèmes variera selon l'effet des médicaments chimiques et de la radiation sur le corps et l'esprit.

Chaque chapitre a été structuré selon les préférences de la plupart des patients atteints d'un cancer consultés. En suivant cette structure, le patient et ses aidants peuvent facilement choisir les plats qui conviennent au patient, augmentant ainsi ses chances de se nourrir. Il se peut même qu'il y prenne plaisir!

Les textures

Pendant et après le traitement, les papilles gustatives et l'odorat du patient seront bouleversés. Pour inciter le patient à manger, il faut miser sur la texture et la température du plat, plutôt que sur ses ingrédients. Ainsi, les chapitres sont divisés par texture, six en tout, chacune offrant des plats sains et nourrissants.

LÉGÈRE

Texture veloutée et moelleuse. Les plats d'une recette légère ne nécessitent pas de mastication. Même ceux qui ont mal à la bouche et à la gorge peuvent les manger.

ONCTUEUSE

Ces plats glissent facilement quand la mastication et même la déglutition sont difficiles ou lorsque la bouche et la gorge sont extrêmement sèches et douloureuses.

TENDRE AVEC UN PEU DE MORDANT

Ces plats conviennent lorsque mastiquer est possible et que la bouche et la gorge ne sont pas trop douloureuses. Même les patients dont la bouche est plutôt sèche s'accommodent bien de la plupart de ces recettes.

LIQUIDE

Pour les patients pour qui mastiquer et déglutir est trop douloureux, les «aliments liquides» présentés dans ce chapitre constituent de bons choix.

CROUSTILLANTE

Ces aliments peuvent convaincre même les gens qui n'ont aucune envie de manger de prendre une bouchée. Ils ne conviennent que lorsque la bouche et la gorge ne sont ni irritées, ni douloureuses, ni sèches, et que mastiquer et avaler se font sans difficulté.

FERME

Ces plats se rapprochent des mets habituels, mais en petites portions pour éviter de décourager le patient. Ils sont tout indiqués lorsque la gorge et la bouche ne sont pas trop touchées, et que mastiquer et avaler sont possibles.

Température

Après les textures, les patients vont préférer certaines températures, froides ou chaudes. Chaque chapitre passe d'un choix de plats froids (salés et sucrés) à des plats chauds (salés et sucrés, également).

Les plats sucrés ne sont pas des desserts en tant que tels, mais des repas, tout comme les plats salés. Ce qui importe surtout est que le patient puisse et veuille manger. S'il s'agit uniquement de plats sucrés, c'est très bien ainsi. Vous trouverez donc des plats sucrés dans tous les chapitres et pas seulement à la fin.

Les saveurs

Pour terminer, chaque chapitre offre un choix de mets non relevés et de plats plus goûteux, afin de répondre aux besoins de plusieurs types de personnes, depuis celles qui sont très sensibles aux saveurs jusqu'à celles dont les papilles sont émoussées. Les recettes de chaque chapitre sont réparties de la façon suivante:

  froid et salé, saveur douce

  froid et salé, saveur prononcée

  froid et sucré

  chaud et salé, saveur douce

  chaud et salé, saveur prononcée

  chaud et sucré

Les portions

Bien des personnes en chimiothérapie et en radiothérapie sont désemparées devant de grandes quantités de nourriture. Parce que leur système sensoriel est complètement déséquilibré, une assiette regorgeant de nourriture comporte une avalanche d'odeurs, de saveurs et de couleurs menaçantes pouvant entraîner un blocage alimentaire mental.

Il est plus facile pour les patients de consommer plusieurs petits repas par jour. Les recettes du présent ouvrage donnent un rendement de deux ou trois petites portions. En mangeant ensemble, les patients et leurs aidants peuvent parler de leur journée, et contribuer à faire renaître le plaisir de manger. Bien que les aliments fraîchement préparés renferment le plus de valeur nutritive, il est possible de conserver la plupart des plats une journée ou deux au frigo ou de les congeler.

La salubrité

Les gens qui subissent des traitements effractifs ont un système immunitaire affaibli. Les personnes qui cuisinent pour elles doivent être particulièrement soucieuses de la salubrité des aliments, veillant à ce que tous les fruits et légumes, les outils, les planches à découper, les ustensiles et les assiettes soient bien lavés. Les linges et les torchons à vaisselle doivent être changés après chaque usage et lavés à l'eau chaude.

À propos des recettes

Les recettes ont été élaborées pour des personnes atteintes d'un cancer de (presque) tous âges: enfants (mais pas les bébés ni les bambins), adolescents, adultes et personnes âgées.

Dans la plupart des cas, pour inciter un patient à manger, il faut trouver l'aliment dont la texture et la température lui conviennent, en établissant d'abord s'il doit être salé ou sucré.

Les recettes étant simples, inspirantes et réalisées à partir d'ingrédients frais et sains, elles conviennent très bien aux autres membres de la famille. Pour chaque recette sont indiqués les ingrédients nécessaires pour une famille de quatre.

L'objectif ultime est clair: assurer la consommation d'autant d'aliments essentiels que possible, compte tenu des circonstances. Rappelez-vous qu'une petite quantité c'est toujours mieux que rien!

Est-ce la solution?

La méthode suggérée dans le présent ouvrage n'est pas universelle. Les circonstances de chacun diffèrent et personne ne réagit aux thérapies contre le cancer de façon prévisible. Cela dit, elle permettra de déterminer quels plats conviennent autant que possible à chaque patient. Or, dans le cas où aucun aliment ne peut être consommé, la malnutrition devient un risque grave. Dans de tels cas, les suppléments et même le gavage pourraient être envisagés.

La liste des aliments conseillés

Vivement recommandés

Abricots
Agrumes, incluant le zeste
  (sauf les pamplemousses)
Ail
Aliments biologiques
Artichauts
Asperges
Avocats
Bananes
Bar commun
Betteraves
Brocoli
Canneberges
Carottes
Céréales
Cerises
Champignons shiitaké
Chou
Chou-fleur
Citrouille
Courges
Crustacés
Curcuma
Églantier

Épinards
Flétan
Germe de blé
Gibier
Gingembre
Graines
Graines de sésame
Graines de tournesol
Grains
Groseilles
Hareng
Haricots
Huile de lin
Huile d'olive
Jus de grenade
Kiwis
Légumes
Légumineuses
Levure de bière
Maquereau
Melons
Morue
Noix
Noix du Brésil

Œufs
Oignons
Patates douces
Pêches
Persil
Petits fruits
Poireaux
Poissons
Poissons gras
Poivrons
Raisin
Requin
Rhubarbe
Sardines
Saumon
Soja (produits du)
Spiruline (offerte dans les
  magasins d'aliments naturels)
Thés: vert et blanc, tisanes,
  rouge africain
Thon
Tomates
Viandes maigres
Volaille

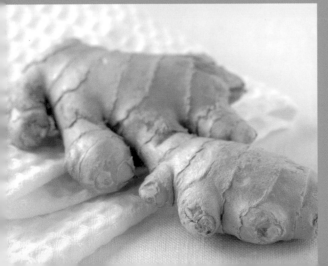

À l'occasion

Aliments fumés
Beurre
Café
Fritures (seulement dans
   de l'huile d'olive
   extra-vierge à la
   bonne température)
Gras saturés
Miel
Pâtés

Produits laitiers:
   préférablement sans
   gras ou faibles en gras
   (à éviter dans le cas
   d'un cancer de la
   prostate ou du sein)
Sel et sel de mer
Sucre
Viandes rouges
Vin rouge
Whisky (seulement les
   bons whiskys de malt)

À éviter

Alcool (la plupart,
   sauf le vin rouge et
   le whisky de malt
   de bonne qualité)
Aliments cuits au
   barbecue ou brûlés
Aliments transformés,
   p. ex., fromages,
   saucisses, hot-dogs,
   jambon
Beignes
Biscuits (sauf s'ils sont
   faits maison à partir
   de bons ingrédients)
Boissons gazéifiées

Édulcorants
Farine blanche raffinée
Gâteaux (sauf s'ils
   sont faits maison
   à partir de bons
   ingrédients)
Malbouffe
Margarine: hydrogénée
   ou partiellement
   hydrogénée
Pain blanc
Pamplemousses

Conseils

Manger et boire

L'appétit du patient risque de fluctuer énormément. Profitez de chacune des occasions où il manifeste de la faim, même en pleine nuit!

Certaines personnes préféreront manger à certains moments du jour plutôt qu'à d'autres; essayez d'identifier les meilleurs moments.

Il est préférable de servir de plus petites portions au patient comme aux personnes avec qui il est attablé. Si le patient démontre plus d'appétit, vous pouvez augmenter la taille des portions, ou le resservir.

Pour améliorer le goût des aliments, les patients peuvent se rincer la bouche avec de l'eau avant de manger, ou se brosser la langue doucement à l'aide d'une brosse à dents humide.

Efforcez-vous de manger lentement et mastiquez bien pour favoriser la digestion.

Il est important de bien vous hydrater; buvez de l'eau ou du thé vert par petites gorgées, quels que soient vos symptômes. Évitez de boire en mangeant.

Si vous avez des nausées ou des vomissements, évitez les odeurs de cuisson. Portez des vêtements confortables, non ajustés, et gardez la tête droite après avoir mangé.

Les couteaux et fourchettes peuvent laisser un goût métallique désagréable dans la bouche. Essayez des ustensiles de plastique.

Utilisez des aérosols anesthésiques pour contrer les douleurs buccales et de la gorge.

Ayez toujours des collations santé à portée de main pour grignoter lorsque vous en avez envie. L'ouvrage renferme plusieurs idées de collation.

À l'hôpital

Mangez un repas très léger avant votre traitement, ou apportez une collation à manger pendant le trajet vers l'hôpital.

On recommande de boire de l'eau avant, pendant et 2 à 3 jours après un traitement de chimiothérapie pour faire passer les produits chimiques. Essayez de boire de huit à dix verres d'eau par jour. Le thé vert est vivement conseillé.

Évitez de manger pendant quelques heures tout de suite après un traitement.

Choisir le bon plat

Faites des essais pour trouver ce qui convient le mieux au patient. Il se peut que la méthode suggérée — d'abord la texture, ensuite la température, suivie des saveurs — soit la clé du succès.

Souvent, au début, les patients préfèrent des plats un peu sucrés, même dans le cas de plats salés. Plusieurs des recettes du livre comportent un petit goût sucré.

L'odeur et la présentation agissent sur l'appréciation des aliments. Essayez de cerner ce qui plaît et ce qui dégoûte.

Dès que vous décelez une appréciation pour certaines saveurs et textures, tirez-en le maximum.

Les aliments avec lesquels on obtient les meilleurs résultats sont souvent difficiles à déterminer et peuvent changer avec le temps. Soyez patient et faites preuve de souplesse.

Optez autant que possible pour des ingrédients jugés bénéfiques pour les personnes atteintes d'un cancer et en fonction du type de cancer. Inspirez-vous de la liste des aliments conseillés (page 20).

Évitez autant que possible les aliments listés à la page 21. Vous devrez parfois céder — il est toujours préférable pour la personne de manger quelque chose de moins sain que rien du tout. Si nécessaire, utilisez avec parcimonie les ingrédients non recommandables comme le fructose ou même le sucre qui pourrait être l'ingrédient magique de transformation d'une recette.

Les aliments acidulés plaisent souvent aux personnes dont la bouche est sèche parce qu'ils aident à produire de la salive.

Si les produits laitiers entraînent plus de mucus, cuisinez plutôt des plats salés à base de produits laitiers; les aliments salés aident à éliminer le mucus. En cas de nausées et de vomissements, préférez les aliments douceâtres. Les aliments secs consommés dès le réveil peuvent aider. Le gingembre peut aussi contrôler les nausées. Essayez le soda, le thé ou les biscuits au gingembre.

Lorsque les papilles gustatives sont presque complètement émoussées, assaisonnez davantage les plats, ou choisissez une recette à forte saveur afin de distinguer les goûts.

Les gaz, les gonflements et les crampes peuvent être allégés en mangeant peu mais fréquemment, et en évitant les boissons gazéifiées et l'utilisation d'une paille.

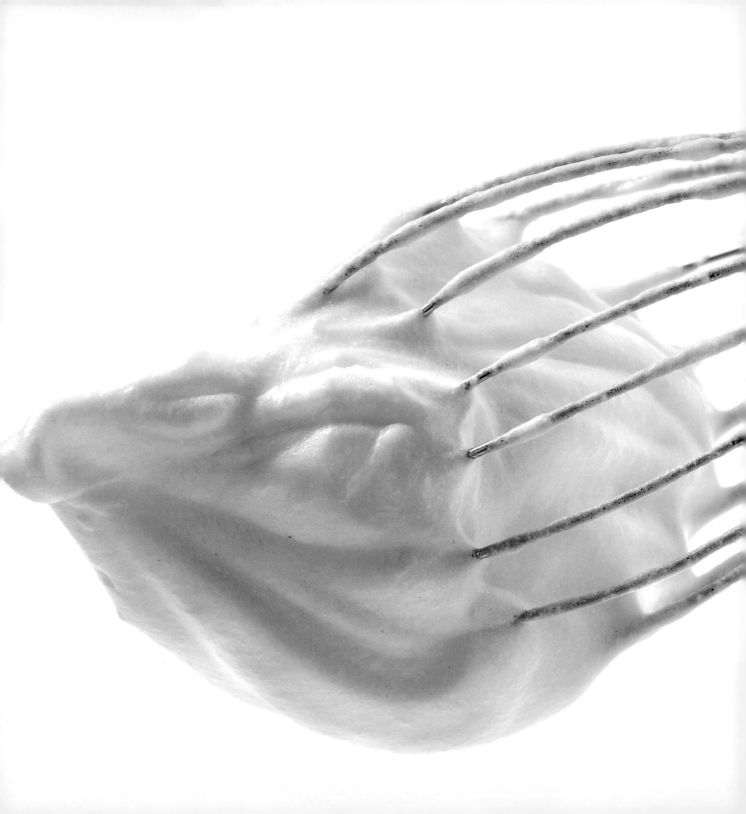

Texture
légère

Crème de carottes

Ajoutez un peu de gingembre frais haché et remplacez le miel par du sirop de gingembre.
Pour plus de saveur, du curcuma ou du cari peut être ajouté, au goût.

2 PETITES PORTIONS

5 petites carottes
1 petit oignon
1 gousse d'ail
1 orange
½ tranche de pain complet
3 brins de persil frais

Un filet d'huile d'olive
Miel
Une pincée de sel
Une pincée de poivre
4 c. à soupe de yogourt au lait
  cru ou au soja

Peler et hacher les carottes, l'oignon et l'ail. Laver l'orange, en râper le zeste et en extraire le jus. Enlever les croûtes du pain et le couper en petits cubes. Hacher le persil.

Faire chauffer l'huile d'olive dans une poêle et faire frire les carottes, l'oignon, l'ail et le zeste d'orange pendant 3 minutes à feu moyen. Ajouter le pain, le jus d'orange et juste assez d'eau pour couvrir. Faire cuire jusqu'à ce que les carottes soient très tendres, de 10 à 15 minutes.

Réduire en purée au mélangeur ou au robot culinaire pour obtenir une crème. Ajouter ½ à 1 c. à thé (à café) de miel, saler et poivrer au goût, et laisser tiédir.

Incorporer le yogourt à la purée de carottes en fouettant. Ajouter les trois quarts du persil, en rectifiant l'assaisonnement; fouetter pendant quelques minutes encore.

Remplir des petits bols ou des verres et garnir du reste du persil haché.

POUR QUATRE PERSONNES: multiplier les quantités par six et servir en entrée ou pour accompagner un plat de poisson ou de volaille.

Mousse de betteraves et de fromage de chèvre

Un bon vinaigre balsamique est à la fois doux et délicat au goût. Il accompagne merveilleusement bien les betteraves, mais peut être remplacé par n'importe quel autre vinaigre. Ajoutez alors un peu plus de miel pour obtenir un plat aigre-doux.

2 PETITES PORTIONS

Un brin de persil frais
1 petite betterave cuite
8 c. à soupe (environ 75 g) de fromage de chèvre ou de yogourt de soja frais

½ à 1 c. à thé (à café) de miel
½ c. à soupe de vinaigre balsamique
Sel et poivre

Hacher le persil très finement.

Fouetter la betterave au mélangeur ou au robot culinaire pour obtenir une purée aussi fine que possible. Ajouter tous les autres ingrédients, sauf le persil, et fouetter pendant quelques minutes de plus, jusqu'à ce que le mélange soit léger et mousseux. Rectifier l'assaisonnement.

À la louche, remplir des petits bols ou des verres et garnir de persil haché.

TRUC: Cette recette peut aussi être réalisée avec des carottes, de la citrouille, de la courge ou de l'aubergine cuites.

POUR QUATRE PERSONNES: multiplier les quantités par quatre et servir en entrée.

Crème de tomates légère mousseuse

La touche finale de cette crème est la ciboulette parsemée sur le dessus. La ciboulette peut également être incorporée à la crème; des feuilles céleri ou d'aneth peuvent remplacer la ciboulette.

2 PETITES PORTIONS

2 tiges de ciboulette fraîche
8 c. à soupe de crème à fouetter
   ou de crème de soja
2 c. à soupe de yogourt au lait cru
   ou au soja
150 ml (5 oz) de coulis de tomates
Une pincée de sel
Une pincée de poivre
Une pincée de cari

Hacher la ciboulette très finement.

Fouetter la crème avec le yogourt, le coulis de tomates, les pincées de sel, de poivre et de cari jusqu'à l'obtention d'une crème veloutée et mousseuse.

Verser la crème dans deux petits verres et parsemer de ciboulette.

TRUC: Le cari est facultatif. Il contient du curcuma; vous pouvez utiliser seulement du curcuma si vous préférez.

POUR QUATRE PERSONNES: multiplier les quantités par quatre et servir en entrée.

Collations
Les collations prêtes à manger légères et moelleuses qui sont recommandées sont les terrines et les mousses de poisson. Si vous achetez des collations prêtes à servir, choisissez celles qui ne contiennent ni agents de conservation ni gras hydrogénés et, autant que possible, biologiques.

Mousse de poulet fumé et d'amandes

Ce plat peut être préparé à l'avance, mais il est préférable de fouetter et d'ajouter la crème juste au moment de le servir.

2 PETITES PORTIONS

Environ 50 g (2 oz) de poulet fumé
2 c. à soupe d'amandes broyées
½ c. à soupe de mayonnaise
½ c. à soupe de ketchup
Sel et poivre
5 c. à soupe de crème à fouetter ou de soja

Fouetter le poulet et les amandes broyées ensemble au mélangeur ou au robot culinaire pour obtenir une texture aussi fine que possible. Transvider dans un bol et incorporer la mayonnaise et le ketchup. Ajouter du sel et du poivre, au goût.

Fouetter la crème jusqu'à ce qu'elle forme des pics mous. Incorporer en pliant dans le mélange de poulet.

Répartir la mousse dans deux petits plats.

TRUC: La crème de soja fouettée ne sera pas aussi ferme que la crème à fouetter. Elle peut être remplacée par du yogourt au lait cru ou au soja. Cependant, la mousse ne sera pas aussi légère.

POUR QUATRE PERSONNES: multiplier les quantités par quatre et servir en entrée.

Thon fouetté à l'orange

Pour obtenir une texture fine parfaite, le mélange de thon et d'orange doit être très bien fouetté. Si nécessaire, passez le mélange à travers un tamis avant de servir. Le thon peut-être remplacé par du saumon cuit ou en conserve, ou des crevettes cuites.

2 PETITES PORTIONS

4 c. à soupe de thon cuit ou en conserve
4 c. à soupe de jus d'orange frais
½ c. à soupe de mayonnaise
1 c. à soupe de yogourt au lait cru ou au soja
5 c. à soupe de crème à fouetter ou de crème
   de soja
Une pincée de sel
Une pincée de poivre

Fouetter le thon et le jus d'orange au mélangeur ou au robot culinaire pour obtenir une texture aussi fine que possible. Ajouter tous les autres ingrédients et fouetter pendant quelques minutes de plus, jusqu'à ce que le mélange soit léger et mousseux.

Répartir la mousse dans deux verres.

TRUC: Le zeste d'orange est jugé bon pour la santé et il est délicieux; vous pouvez en ajouter un peu à ce plat.

POUR QUATRE PERSONNES: multiplier les quantités par quatre et servir en entrée.

Crème de yogourt légère aux bleuets (myrtilles)

Les bleuets (myrtilles) peuvent être remplacés par d'autres baies ou des fruits mous. Cette recette se réalise bien avec des fruits surgelés pourvu qu'ils soient préalablement décongelés. Le miel peut être remplacé par une confiture pur fruit, non sucrée.

2 PETITES PORTIONS

100 g (3 ½ oz) de bleuets (myrtilles)
150 ml (5 oz) de yogourt au lait cru ou au soja
½ à 1 c. à soupe de miel
5 c. à soupe de crème à fouetter ou de crème de soja

Bien rincer les bleuets et les assécher en les tapotant avec du papier absorbant.

Fouetter les bleuets au mélangeur ou au robot culinaire pour obtenir une purée aussi fine que possible. Ajouter le yogourt et le miel au goût; fouetter une minute de plus.

Dans un grand bol, fouetter la crème. (La crème de soja fouettée ne sera pas aussi ferme que la crème à fouetter.) Ajouter le mélange de bleuets puis la crème en pliant. Répartir la mousse dans deux verres.

POUR QUATRE PERSONNES: multiplier les quantités par quatre et servir en entrée.

Crème à la figue et à la banane

Pour éviter que la banane brunisse, arrosez-la de jus de citron. Dans ce cas, ajoutez un peu plus de miel pour vous assurer que la crème est suffisamment sucrée.

2 PETITES PORTIONS

2 figues séchées
½ banane
150 ml (5 oz) de yogourt au lait cru ou au soja
½ à 1 c. à thé de miel
5 c. à soupe de crème à fouetter ou de crème de soja

Couper la «tige» rigide des figues et peler la demi-banane.

Réduire en fine purée les figues et la banane au mélangeur ou au robot culinaire. Ajouter le yogourt et le miel au goût; fouetter une minute de plus.

Dans un grand bol, fouetter la crème. (La crème de soja fouettée ne sera pas aussi ferme que la crème à fouetter.) Ajouter le mélange figue et banane, et incorporer la crème en pliant.

Répartir la crème dans deux petits bols ou verres.

TRUC: Des dattes ou des pruneaux peuvent remplacer les figues.

POUR QUATRE PERSONNES: multiplier les quantités par quatre et servir comme dessert.

Fouetté de pommes et de cannelle

La compote de pommes en pot facilite la réalisation de cette recette. Or, si vous voulez préparer de la compote fraîche, sucrez-la avec du miel plutôt que du sucre.

2 PETITES PORTIONS

8 c. à soupe de compote de pommes
3 boules de crème glacée à la vanille ramollie
½ c. à thé de cannelle moulue

Réduire en purée tous les ingrédients au mélangeur ou au robot culinaire jusqu'à l'obtention d'une texture lisse et mousseuse.

Verser dans deux verres.

TRUC: La compote de pommes peut être remplacée par de la compote d'abricots.

POUR QUATRE PERSONNES: multiplier les quantités par trois et servir comme dessert.

Mousse à la framboise

Cette mousse est très liquide et peut être bue avec une grosse paille.
Si les pépins de framboises sont un problème, passer la purée à travers
un tamis avant d'y incorporer la crème fouettée.

2 PETITES PORTIONS

100 g (3 ½ oz) de framboises
100 ml (3 ½ oz) de crème anglaise prête à manger
1 c. à thé (à café) de miel
5 c. à soupe de crème à fouetter ou de crème de soja

Bien rincer les framboises et les assécher avec du papier
absorbant.

Fouetter les framboises au mélangeur ou au robot culinaire.
Veiller à ce que la texture de la purée soit aussi fine que
possible. Ajouter la crème anglaise et le miel, au goût; fouetter
une minute de plus.

Dans un grand bol, fouetter la crème. Ajouter le mélange
de framboises et incorporer la crème en pliant.

Répartir la mousse dans deux petits bols ou verres.

TRUC: La crème de soja fouettée ne sera pas aussi ferme que
la crème à fouetter. Elle peut être remplacée par du yogourt
au lait cru ou au soja, mais la mousse ne sera pas aussi
légère.

POUR QUATRE PERSONNES: multiplier les quantités par quatre
et servir comme dessert.

Mousse au dindon, noix de Grenoble et épinards

Des épinards frais entrent dans la composition de cette recette. Vous pouvez aussi utiliser environ 30 g (1 oz) d'épinards surgelés: ajoutez-les au dindon et faites chauffer jusqu'à ce qu'ils soient décongelés et chauds.

2 OU 3 PETITES PORTIONS

Environ 50 g (2 oz) de blanc de dindon
Un filet d'huile d'olive
Une pincée de sel
Une pincée de poivre
Environ 50 g (1 oz) d'épinards frais
1 œuf
2 c. à soupe de noix de Grenoble écalées
1 tranche de pain complet
2 c. à soupe de crème fraîche ou de crème de soja

Préchauffer le four à 180 °C/350 °F/gaz 4.

Couper le blanc de dindon en petits morceaux.

Faire chauffer l'huile d'olive dans une grande poêle à frire. Ajouter le dindon, les pincées de sel et de poivre; faire revenir pendant 5 minutes. Ajouter les épinards en remuant pendant 3 minutes.

Séparer le jaune du blanc d'œuf.

Réduire les noix en poudre au mélangeur ou au robot culinaire. Ajouter le pain et passer au mélangeur ou au robot pour obtenir de la chapelure.

Ajouter le mélange de dindon, la crème fraîche et le jaune d'œuf. Fouetter jusqu'à l'obtention d'une crème onctueuse.

Battre le blanc d'œuf avec une pincée de sel jusqu'à la formation de pics fermes. Incorporer en pliant au mélange de dindon. Verser le mélange en parties égales dans deux ou trois petits plats allant au four graissés, comme des ramequins, et faire cuire pendant 15 minutes ou jusqu'à ce que la mousse soit prise.

Servir chaud.

TRUC: La crème fraîche peut être remplacée par du fromage de chèvre frais.

POUR QUATRE PERSONNES: multiplier les quantités par trois et servir en entrée.

Les bienfaits de l'huile d'olive
Servez-vous d'huile de lin ou d'olive dans les plats froids; c'est ce qu'il y a de mieux pour votre système digestif. Pour les plats chauds, n'utilisez que de l'huile d'olive extra vierge, présumée être la meilleure pour votre santé.

Mousse à l'aubergine aux fines herbes

Cette mousse est bonne servie froide ou chaude, et peut aussi servir de trempette pour les légumes et le pain.

2 PETITES PORTIONS

1 oignon vert
¼ d'aubergine
Un filet d'huile d'olive
Une pincée de sel
Une pincée de poivre

1 œuf
½ tranche de pain complet
Un brin de persil frais
Une tige de ciboulette fraîche
Un brin d'aneth frais
1 tomate italienne (en conserve)

Rincer et hacher l'oignon vert. Rincer l'aubergine et la couper en morceaux.

Faire chauffer l'huile d'olive dans une grande poêle et faire revenir l'oignon vert pendant 2 minutes à feu moyen. Ajouter l'aubergine et faire revenir pendant 5 minutes à feu doux. Saler et poivrer.

Séparer le jaune du blanc d'œuf.

Passer le pain et les fines herbes au mélangeur ou au robot pour obtenir une chapelure assaisonnée. Ajouter la tomate, le mélange d'aubergine et le jaune d'œuf et mélanger jusqu'à l'obtention d'une crème très fine.

Transvider dans un bain-marie (ou dans un bol) et faire cuire au-dessus d'une casserole d'eau frémissante, en remuant continuellement pendant environ 5 minutes. Rectifier l'assaisonnement.

Battre en neige le blanc d'œuf jusqu'à l'obtention de pics fermes. Ajouter au mélange d'aubergine en pliant, et faire cuire pendant quelques minutes de plus. Répartir dans deux petits plats et servir immédiatement.

Truc: Comme touche de fraîcheur, servez cette mousse avec du yogourt au lait cru ou au soja.

Pour quatre personnes: multiplier les quantités par trois, mais utiliser une petite aubergine entière. Servir comme entrée ou plat d'accompagnement.

Mousse au poulet vapeur, abricots et cari

Vous pouvez remplacer le poulet frais par du poulet fumé ou du jambon cuit et ajouter du curcuma si vous voulez.

2 PETITES PORTIONS

1 petit oignon
Environ 50 g (2 oz) de blanc de poulet
2 abricots séchés prêts à manger
Un filet d'huile d'olive
Une pincée de sel
Une pincée de poivre
Une pincée de cari
1 œuf
½ tranche de pain complet

Peler et hacher l'oignon. Couper le poulet et les abricots en petits morceaux.

Faire chauffer l'huile d'olive dans une grande poêle et faire revenir l'oignon pendant 3 minutes à feu moyen. Ajouter le poulet, les pincées de sel, de poivre et de cari. Faire revenir pendant 5 minutes de plus.

Séparer le jaune du blanc d'œuf.

Passer le pain au mélangeur ou au robot pour obtenir de la chapelure. Ajouter les abricots et le jaune d'œuf au mélange de poulet, et passer au mélangeur ou au robot jusqu'à l'obtention d'une crème lisse.

Battre en neige le blanc d'œuf avec une pincée de sel jusqu'à la formation de pics fermes. Incorporer en pliant au mélange de poulet.

Répartir le mélange dans deux petits plats allant au four graissés comme des ramequins. Couvrir d'une feuille d'aluminium, les déposer sur une grille de cuisson à vapeur au-dessus d'une casserole d'eau et couvrir la casserole. Faire cuire à la vapeur pendant environ 10 minutes jusqu'à ce que la mousse soit prise.

Poser chacun des plats dans de petites assiettes et servir chaud.

TRUC: Il est fortement recommandé d'utiliser du pain complet même s'il alourdit légèrement la mousse; le pain blanc n'est pas un choix santé.

POUR QUATRE PERSONNES: multiplier les quantités par quatre et servir en entrée.

Soufflé de poisson velouté

Contrairement au poisson blanc, le maquereau contient des acides gras essentiels. Vous pouvez utiliser d'autres poissons gras comme la truite, le saumon ou le thon.

2 PETITES PORTIONS

2 œufs
½ tranche de pain complet
3 brins de persil frais
75 g de filet de maquereau
   cuit à la vapeur ou fumé
1 poivron rouge grillé, en pot
Sel et poivre

Préchauffer le four à 220 °C/425 °F/gaz 7.

Séparer le jaune du blanc pour chacun des œufs.

Passer le pain et le persil au mélangeur ou au robot pour obtenir une chapelure assaisonnée. Ajouter le maquereau, le poivron rouge et les jaunes d'œufs et passer au mélangeur jusqu'à l'obtention d'une crème onctueuse. Rectifier l'assaisonnement.

Battre en neige les blancs d'œufs avec une pincée de sel jusqu'à la formation de pics fermes. Incorporer en pliant au mélange de poisson.

Verser en parties égales dans deux petits plats allant au four graissés, comme des ramequins, et faire cuire au four pendant 15 minutes ou jusqu'à ce que la mousse soit prise.

Servir immédiatement.

TRUC: Vous pouvez faire griller vous-même le poivron rouge, mais évitez qu'il noircisse pendant sa cuisson. Une fois cuit et ramolli, mettez-le dans un sac de plastique, fermez le sac et laissez tiédir. Pelez le poivron, coupez-le en morceaux et mélangez-le à un trait de vinaigre et quelques gouttes de miel.

POUR QUATRE PERSONNES: multiplier les quantités par trois et servir en entrée.

Mousse de champignons

Cette mousse est cuite au four; elle peut également être cuite à la vapeur ou préparée dans un bain-marie.

2 PETITES PORTIONS

150 g (5 oz) de champignons	1 œuf
1 petit oignon	1 tranche mince de pain
1 gousse d'ail	complet
Un filet d'huile d'olive	Sel et poivre

Préchauffer le four à 180 °C/350 °F/gaz 4.

Nettoyer les champignons et les hacher. Peler et hacher l'oignon et l'ail.

Faire chauffer l'huile d'olive dans une grande poêle et faire revenir l'oignon pendant 3 minutes à feu moyen. Ajouter l'ail et les champignons; faire revenir pendant 5 minutes de plus.

Séparer le jaune du blanc d'œuf.

Passer le pain au mélangeur ou au robot pour obtenir de la chapelure. Ajouter le jaune d'œuf au mélange de champignons et mélanger jusqu'à l'obtention d'une crème lisse. Saler et poivrer au goût.

Battre en neige le blanc d'œuf avec une pincée de sel jusqu'à la formation de pics fermes. Incorporer en pliant au mélange de champignons.

Verser en parties égales dans deux petits plats allant au four graissés, comme des coquetiers ou des ramequins, et faire cuire au four pendant 15 minutes.

Servir chaud.

TRUC: Vous pouvez utiliser n'importe quel champignon ou combinaison de champignons comestibles. Les shiitaké sont particulièrement savoureux.

POUR QUATRE PERSONNES: doubler les quantités et servir en entrée.

Îles flottantes avec spirale à la pêche Melba

Ces «îles flottantes» sont cuites au four; vous pouvez aussi les faire cuire dans de l'eau au point d'ébullition. Il suffit de déposer deux ou trois cuillerées du mélange à la fois et de les faire «cuire» pendant quelques minutes.

2 OU 3 PETITES PORTIONS

1 blanc d'œuf
2 c. à soupe de sucre
Une pincée de sel
1 pêche mûre
½ à 1 c. à thé (à café) de miel
50 g (2 oz) de framboises fraîches ou
    surgelées

Préchauffer le four à 100 ºC/210 ºF/gaz ¼.

Battre en neige le blanc d'œuf avec le sucre et la pincée de sel jusqu'à la formation de pics très fermes. Tapisser une plaque à biscuits de papier sulfurisé et y déposer 6 à 9 cuillerées de blanc d'œuf bien espacées. Faire cuire au four pendant environ 1 heure et 30 minutes.

Peler la pêche et la réduire en une purée onctueuse au mélangeur ou au robot culinaire. Ajouter un peu de miel et verser dans une petite casserole.

Rincer les framboises et les sécher avec du papier absorbant. Mettre les framboises dans le mélangeur ou le robot culinaire (inutile de laver l'appareil après avoir réduit la pêche en purée). Réduire en une purée onctueuse et ajouter un peu de miel. Si les pépins de framboises sont un problème, passer la purée à travers un tamis. Transvider dans une autre casserole.

Faire chauffer les deux purées. Verser la purée de pêche dans deux ou trois petits plats larges. Ajouter la purée de framboises et passer la pointe d'un couteau en travers pour obtenir l'effet d'une spirale. Déposer l'«île» de blanc d'œuf sur le dessus.

TRUC: Pour que les blancs d'œuf forment des pics fermes lorsqu'ils sont montés en neige, les ustensiles de cuisine qui servent à les fouetter doivent être exempts de toute matière grasse; essuyez-les avec du papier absorbant vaporisé de vinaigre.

POUR QUATRE PERSONNES: doubler les quantités et servir comme dessert.

Ingrédients de substitution
Il n'est pas indispensable de suivre les recettes à la lettre. Si vous n'avez pas un ingrédient en particulier, vous pouvez souvent le remplacer par autre chose. Ici, par exemple, la mangue peut remplacer la pêche.

Mousse à la vanille cuite au four

Cette recette peut également être réalisée avec du chocolat, mais elle ne sera pas aussi légère.
Dans ce cas, omettez le jus de citron. Faites fondre 50 g (2 oz) de chocolat avec la crème et ½ c. à soupe de miel (au lieu de sucre vanillé) à feu doux.

2 PETITES PORTIONS

1 œuf
2 c. à soupe de poudre pour crème anglaise
5 c. à soupe de crème à fouetter ou de crème de soja

2 c. à soupe de sucre vanillé
Un trait de jus de citron
Une pincée de sel

Préchauffer le four à 160 °C/325 °F/gaz 3.

Séparer le jaune du blanc d'œuf.

Mélanger la poudre pour crème anglaise et 1 c. à soupe d'eau.

Fouetter le jaune d'œuf et la poudre pour crème anglaise, la crème, le sucre vanillé et le jus de citron jusqu'à ce que le sucre soit dissous.

Battre en neige le blanc d'œuf avec une pincée de sel jusqu'à la formation de pics fermes. Incorporer en pliant au mélange de sucre vanillé.

Verser dans deux petits plats allant au four graissés et faire cuire au four pendant environ 20 minutes jusqu'à ce que la mousse soit prise.

Servir tiède ou froide.

TRUC: À la place du sucre vanillé, vous pouvez utiliser du miel. Dans ce cas, ajouter au mélange une goutte d'essence de vanille.

POUR QUATRE PERSONNES: multiplier les quantités par trois et servir comme dessert.

Mousse chaude à la canneberge (airelle) et au miel

Le jus de canneberge (airelle) non sucré est bon pour les personnes qui subissent une radiothérapie abdominale qui touche la vessie et peut entraîner une cystite radique. Cependant, les canneberges peuvent aggraver les effets négatifs de la warfarine (un anticoagulant). Évitez le jus de canneberge si vous en prenez.

2 PETITES PORTIONS

100 ml (3 ½ oz) de jus de canneberge (airelle)
3 c. à soupe de miel
1 c. à soupe de fécule de maïs
2 blancs d'œufs
5 c. à soupe de crème à fouetter ou de crème de soja

Verser le jus de canneberge dans une casserole. Ajouter le miel; porter à ébullition et laisser réduire de moitié.

Mélanger la fécule et 1 c. à soupe d'eau dans une casserole. Ajouter en fouettant les blancs d'œufs, la crème et le mélange de canneberge.

Verser dans un bain-marie ou dans un bol au-dessus d'eau frémissante et fouetter environ 5 minutes, jusqu'à ce que le mélange soit épais et crémeux.

Répartir le mélange dans deux verres et servir immédiatement.

TRUC: Vous pouvez préparer votre propre jus de canneberge en en faisant bouillir avec une quantité égale d'eau. Égouttez-les et sucrez-les au goût si nécessaire. Le jus de canneberge peut être remplacé par du jus de grenade, de groseille, de bleuet (myrtille) ou d'orange.

POUR QUATRE PERSONNES: multiplier les quantités par trois et servir comme dessert.

Mousse au citron chaude

La mousse est préparée dans un bain-marie et doit être fouettée pendant environ 10 minutes. Assurez-vous que le plat qui contient le mélange de citron est bien stable pour éviter que de l'eau de la casserole du dessous ne s'y infiltre. Le mélange peut être fouetté à la main ou au batteur électrique.

2 OU 3 PETITES PORTIONS

1 petit citron
1 c. à soupe de miel
½ c. à soupe de poudre pour
  crème anglaise
2 œufs
5 c. à soupe de crème à
  fouetter ou de crème de soja

Extraire le jus du citron et le verser dans une casserole. Ajouter le miel; porter à ébullition et laisser réduire de moitié. Poser la casserole au-dessus d'une autre qui contient de l'eau frémissante.

Mélanger la poudre pour crème anglaise et 1 c. à soupe d'eau. Y incorporer le mélange de citron. Y battre les œufs et continuer de battre le mélange jusqu'à ce qu'il soit épais et crémeux, pendant 5 à 10 minutes.

Fouetter la crème et l'ajouter à la dernière minute, en pliant, dans la mousse au citron.

Répartir dans deux ou trois petits plats et servir immédiatement.

TRUC: Le jus de citron peut être remplacé par du jus d'orange ou de lime.

POUR QUATRE PERSONNES: multiplier les quantités par trois et servir comme dessert.

Des aliments spéciaux selon le type de cancer

Informez-vous auprès de votre oncologiste et votre diététiste en oncologie quant aux aliments que vous devriez consommer et ceux à éviter selon votre type de cancer.

Texture

onctueuse

Crème d'asperges et de crevettes

Les asperges vertes peuvent remplacer les asperges blanches.
L'aneth frais peut être remplacé par du persil, du fenouil ou du cerfeuil.

2 PETITES PORTIONS

Un brin d'aneth frais
5 petites asperges blanches fines,
    fraîches ou en conserve
½ tranche de pain complet
Environ 100 g (3 ½ oz) de
    crevettes cuites
1 c. à soupe de mayonnaise
Quelques gouttes de jus de citron
    frais
Une pincée de sel
Une pincée de poivre

Hacher l'aneth très finement.

Peler les asperges. Pour les asperges fraîches, plier la partie rigide de la tige jusqu'à ce qu'elle se brise à son point cassure. Les faire cuire dans de l'eau salée pendant 10 à 15 minutes jusqu'à ce qu'elles soient tendres; réserver et laisser tiédir. Conserver 2 c. à soupe d'eau de cuisson.

Passer le pain au mélangeur ou au robot pour obtenir des miettes. Ajouter les crevettes, les asperges et les 2 c. à soupe d'eau de cuisson, dans le cas d'asperges fraîches, ou 2 c. à soupe du liquide des asperges en conserve. Fouetter jusqu'à l'obtention d'une crème onctueuse. Incorporer en remuant la mayonnaise, le jus de citron, l'aneth, les pincées de sel et de poivre.

Remplir de cette crème deux petits verres ou bols.

POUR QUATRE PERSONNES: multiplier les quantités par quatre et servir en entrée.

Collations
Achetez autant que possible des produits non traités sans agents de conservation comme collation. Vérifiez la teneur en sucre sur l'étiquette. Les meilleures collations de texture lisse: compote de pommes, crème anglaise, yogourt aux fruits, compote de rhubarbe, kaki mûr (connu aussi sous le nom de plaquemine ou fruit de Sharon), prunes et melons mûrs.

Purée d'avocat à l'orange

Il est toujours préférable d'acheter des avocats lorsqu'ils sont très mûrs; ils ne mûrissent pas beaucoup après l'achat et s'en servir lorsqu'ils sont encore durs est décevant.

2 OU 3 PETITES PORTIONS

1 petit avocat mûr
4 c. à soupe de jus d'orange
2 c. à soupe de crème sure (aigre) ou de crème de soja
Une pincée de sel
Une pincée de poivre

Couper l'avocat en deux, en retirer le noyau et la chair à l'aide d'une cuiller.

Réduire l'avocat avec le jus d'orange en purée crémeuse au mélangeur ou au robot culinaire. Incorporer en pliant la crème sure ou la crème de soja. Ajouter les pincées de sel et de poivre.

Remplir de purée deux ou trois petits verres ou assiettes.

POUR QUATRE PERSONNES: doubler les quantités et servir en entrée.

Ratatouille en purée

Cette recette, qui sert de base à de nombreux plats aux légumes, devrait toujours contenir des tomates. Choisissez des légumes de texture ferme comme les carottes, le broccoli ou le céleri-rave. Vous pouvez aussi y ajouter des herbes hachées.

2 PETITES PORTIONS

1 petite tomate
⅛ de poivron rouge
¼ de courgette
1 petit oignon
1 gousse d'ail
1 petit cornichon sucré
2 c. à soupe d'huile d'olive
Sel et poivre
½ tranche de pain complet
2 c. à soupe de crème sure
  (aigre) (factultatif)

Rincer la tomate, le poivron rouge et la courgette. Épépiner le poivron rouge. Peler l'oignon et l'ail. Hacher les légumes, l'oignon, l'ail et le cornichon.

Faire chauffer l'huile dans une poêle à frire et faire revenir les légumes, l'oignon, l'ail et le cornichon pendant 3 minutes à feux moyen, en remuant continuellement. Saler et poivrer, au goût. Ajouter 200 ml (7 oz) d'eau, baisser le feu et laisser mijoter pendant 10 minutes.

Passer le pain au mélangeur ou au robot pour l'émietter. Ajouter la ratatouille et réduire en une purée lisse. Laisser tiédir. Rectifier l'assaisonnement.

Répartir dans deux petits verres ou bols. Servir froide garnie d'un peu de crème sure, si désiré.

POUR QUATRE PERSONNES: multiplier les quantités par quatre et servir en entrée.

Crème de champignons shiitaké

Succulente telle quelle, mais aussi avec du pain, sur une rôtie ou pour garnir une petite crêpe. En y ajoutant du bouillon, elle peut facilement se transformer en soupe.

2 PETITES PORTIONS

75 g (3 oz) de champignons (blancs et quelques shiitaké)
½ petit oignon
½ gousse d'ail
Un filet d'huile d'olive

2 brins de persil frais
½ tranche de pain complet
2 c. à soupe de crème fraîche ou de crème de soja
Sel et poivre

Nettoyer les champignons et les hacher. Peler et hacher l'oignon et l'ail.

Faire chauffer l'huile d'olive dans une grande poêle et faire revenir l'oignon et les champignons pendant 5 minutes à feu moyen. Ajouter l'ail et faire revenir pendant 3 minutes de plus.

Hacher le persil finement.

Passer le pain au mélangeur ou au robot pour l'émietter. Ajouter les champignons et le persil. Réduire en une crème onctueuse. Laisser tiédir. Ajouter la crème fraîche et le sel et le poivre.

Remplir de crème deux petits plats.

TRUC: Un trait de sauce soja peut remplacer le sel comme assaisonnement.

POUR QUATRE PERSONNES: multiplier les quantités par trois et servir en entrée.

Thon et pois à la menthe

Advenant qu'une crème encore plus onctueuse soit nécessaire pour faciliter la déglutition, passer cette crème à travers un tamis avant d'y ajouter la mayonnaise.

2 PETITES PORTIONS

100 g (3 ½ oz) de pois frais ou surgelés
Un brin de menthe fraîche

6 c. à soupe de thon cuit ou en conserve
3 petits oignons perlés
1 ½ c. à soupe de mayonnaise

Faire cuire les pois dans de l'eau bouillante pendant environ 10 minutes jusqu'à ce qu'ils soient tendres. Les rincer à l'eau froide et les laisser tiédir.

Hacher les feuilles de menthe très finement.

Réduire en purée crémeuse les pois, le thon, les petits oignons perlés et la menthe au mélangeur ou au robot culinaire. Incorporer la mayonnaise et un trait du liquide du pot d'oignons.

Remplir de cette crème deux petits verres ou bols.

TRUC: Le thon peut être remplacé par des crevettes ou du saumon fraîchement cuits.

POUR QUATRE PERSONNES: multiplier les quantités par trois et servir en entrée.

Pannacotta au miel et aux fraises

Ce pouding velouté et crémeux peut être préparé jusqu'à deux jours à l'avance.
Or, sa texture se figera un peu avec le temps. La gélatine devrait être tiède mais
encore fluide au moment de l'ajouter au mélange de yogourt. Si elle a déjà
commencé à prendre, la remettre sur le feu pour la faire fondre à nouveau.

2 OU 3 PETITES PORTIONS

3 g (½ c. à thé) de poudre de gélatine
 ou 2 feuilles de gélatine
125 ml (½ tasse) de crème à fouetter
 ou de crème de soja
2 c. à soupe de miel
150 ml (5 oz) de yogourt au lait cru ou
 au soja
6 fraises

Préparer la gélatine ou la faire tremper selon le mode d'emploi sur
l'emballage.

Porter à ébullition la moitié de la crème et tout le miel dans une petite
casserole. Remuer et retirer du feu. Incorporer en remuant la gélatine et la
laisser se dissoudre. Remuer toutes les deux minutes jusqu'à ce que le
mélange soit tiède mais non ferme.

Entre-temps, fouetter le reste de la crème jusqu'à ce qu'elle soit presque
épaisse; y incorporer rapidement le yogourt à la cuiller. Ajouter au mélange
de gélatine. Bien mélanger, mais rapidement. Verser dans deux ou trois
petits bols ou verres. Réfrigérer pendant au moins 2 heures.

Rincer les fraises, les couper en deux et en garnir les pannacottas.

TRUC: Les fraises peuvent être remplacées par n'importe quel autre fruit que
vous préférez, frais ou surgelé.

POUR QUATRE PERSONNES: doubler les quantités et servir comme dessert.

> **Cessez le calcul des calories**
> Il n'y a pas lieu de calculer vos
> calories pendant que vous êtes en
> traitement. Manger est déjà assez
> difficile comme ça! Veillez à utiliser
> la plus grande variété possible
> d'ingrédients bons pour la santé.

Compote de pommes à la cannelle

Cette compote peut être réalisée avec des pommes ou encore avec un mélange de pommes et de mûres ou de canneberges.

2 OU 3 PETITES PORTIONS

2 pommes à cuisson
Un trait de jus de citron
½ c. à soupe de miel, ou au goût
Une pincée de cannelle

Peler les pommes, les couper en deux, enlever le cœur et les hacher.

Mettre les pommes dans une petite casserole avec le jus de citron, le miel, 3 c. à soupe d'eau et la cannelle. Faire cuire à feu moyen 5 à 8 minutes pour obtenir une compote très molle, en remuant de temps à temps. Laisser tiédir.

Remplir deux petits verres ou bols et saupoudrer d'un peu de cannelle.

POUR QUATRE PERSONNES: multiplier les quantités par trois et servir comme dessert.

Mousse à la banane et au citron

Une telle mousse se prépare en un tournemain et se réalise avec une grande variété de fruits mûrs dont la texture est à la fois tendre et ferme. Les fruits durs comme les pommes et les poires peuvent aussi être utilisés, mais ils doivent d'abord être cuits dans un peu d'eau. Vous pouvez utiliser de la crème anglaise prête à servir ou un dessert de soja à la vanille au lieu de crème. Si c'est le cas, n'ajoutez pas de miel.

2 OU 3 PETITES PORTIONS

1 petit citron
1 banane
½ à 1 c. à soupe de miel
100 ml (3 oz) de crème à fouetter ou de crème de soja

Extraire le jus du citron. Peler la banane.

Réduire en une purée onctueuse la banane, le miel et la moitié du jus de citron au mélangeur ou au robot culinaire. Ajouter davantage de jus de citron, au goût.

Fouetter la crème et l'incorporer délicatement à la purée de banane.

Répartir le mélange dans deux ou trois petits verres et servir immédiatement.

POUR QUATRE PERSONNES: multiplier les quantités par trois et servir comme dessert.

Yogourt aux fruits mi-congelé

Vous pouvez préparer ce plat une journée à l'avance mais pas plus. Il doit d'abord être retiré du congélateur et laissé à la température ambiante au moins 30 minutes. Si vous utilisez des fruits surgelés, le plat peut être servi sans qu'il soit nécessaire de le congeler.

2 PETITES PORTIONS

50 g (2 oz) d'un mélange de fruits rouges frais ou surgelés, au choix

2 c. à soupe de confiture de fraises pur fruit

5 c. à soupe de crème à fouetter ou de crème de soja

8 c. à soupe de yogourt au lait cru ou au soja

Rincer les fruits et les réduire en purée crémeuse avec la confiture au mélangeur ou au robot culinaire.

Fouetter la crème jusqu'à consistance presque épaisse et ajouter le yogourt à la cuiller. Ajouter la purée de fruits et l'incorporer délicatement de façon à ce que les ingrédients ne soient pas entièrement mélangés.

Répartir dans deux petits bols ou verres et les laisser au congélateur pendant 1 à 2 heures.

TRUC: À la place de fruits rouges, essayez des fruits mous orangés comme des abricots, des pêches ou des mangues.

POUR QUATRE PERSONNES: multiplier les quantités par quatre et servir comme dessert.

Crème de chou-fleur avec fricadelles de poulet

Le chou-fleur regorge de nutriments anticancer, mais son odeur peut entraîner la nausée chez les personnes en chimiothérapie. Pour en minimiser l'odeur pendant la cuisson, ajoutez des noix de Grenoble en écales ou une tranche de pain dans l'eau de cuisson. Vous pouvez aussi le faire cuire au four ou à la vapeur. Le chou-fleur cuit dans une casserole d'aluminium intensifiera l'odeur désagréable et lui donnera une colloration jaune; les casseroles en fonte lui donneront une couleur bleu-vert ou brune.

2 PETITES PORTIONS

5 petits bouquets de chou-fleur
Sel et poivre
3 brins de persil frais
½ tranche de pain complet
50 g (2 oz) de poulet haché finement
2 c. à soupe de fromage à la crème léger

Faire bouillir le chou-fleur dans de l'eau avec une pincée de sel pendant environ 8 minutes jusqu'à ce qu'il soit tendre. Bien égoutter.

Hacher le persil très finement.

Passer le pain et le persil au mélangeur ou au robot pour l'émietter. Mélanger le poulet haché et 2 c. à soupe du mélange de miettes de pain, une pincée de sel, une pincée de poivre et 1 c. à soupe de fromage à la crème. Façonner en six fricadelles.

Poser les fricadelles sur une grille de cuisson à la vapeur au-dessus d'une casserole d'eau bouillante. Couvrir. Faire cuire pendant 3 à 4 minutes jusqu'à ce qu'elles soient cuites.

Entre-temps, ajouter le chou-fleur chaud au reste des miettes de pain et réduire en une purée onctueuse. Ajouter le reste du fromage à la crème. Saler et poivrer et faire chauffer à nouveau.

Disposer les fricadelles et la crème de chou-fleur dans deux petits bols.

TRUC: Les fricadelles de poulet ont une texture très tendre et délicate, mais si elles demeurent trop difficile à avaler, réduisez le poulet en purée avec le chou-fleur. Les galettes peuvent aussi être cuites sur une assiette placée au micro-ondes; la cuisson ne nécessitera que quelques minutes à puissance maximale.

POUR QUATRE PERSONNES: 750 g (1 ½ lb) de chou-fleur, 4 tranches de pain complet, un petit bouquet de persil, 300 g (10 oz) de poulet haché, 150 g (5 oz) de fromage à la crème léger. Mélanger le poulet avec le quart de la portion du pain et du fromage à la crème. Servir comme plat principal.

Œufs brouillés avec jambon et ciboulette

La façon de faire des œufs brouillés est personnelle à chacun. Dans cette recette-ci, il est préférable de ne pas les laisser trop se figer pour qu'ils demeurent crémeux. Le jambon et la ciboulette peuvent être omis ou remplacés par du saumon fumé et de l'aneth.

2 PETITES PORTIONS

3 tiges de ciboulette fraîche
½ tranche de pain complet
1 tranche de jambon mince
2 œufs
2 c. à soupe de beurre
Une pincée de sel
Une pincée de poivre

Réduire en miettes le pain, le jambon et la ciboulette au mélangeur ou au robot. Fouetter légèrement les œufs; les verser dans une petite casserole. Ajouter le beurre et les miettes de pain. Faire cuire à feu doux jusqu'à ce que les œufs soient presque entièrement pris, en remuant régulièrement.

Ajouter les pincées de sel et de poivre.

Répartir dans deux petites assiettes.

POUR QUATRE PERSONNES: multiplier les quantités par trois et servir comme petit-déjeuner.

Purée de pommes de terre et chou au bacon

Pour obtenir une purée encore plus lisse, utilisez le bouton de commande intermittente du mélangeur ou du robot culinaire, ce qui empêchera les pommes de terre de devenir collantes.

2 PETITES PORTIONS

Environ 150 g de chou
2 pommes de terre
Sel et poivre
1 petit oignon

1 tranche de bacon mince
2 c. à soupe d'huile d'olive
1 ½ c. à soupe de crème sure
   (aigre) ou de crème de soja

Rincer le chou et le couper en petits morceaux. Peler les pommes de terre et les couper en quatre. Les mettre dans une petite casserole avec le chou et une pincée de sel. Ajouter assez d'eau pour couvrir. Faire cuire de 15 à 20 minutes jusqu'à ce que les pommes de terre et le chou soient cuits. Bien égoutter.

Entre-temps, peler et hacher finement l'oignon. Couper le bacon en très petits morceaux.

Faire chauffer l'huile dans une poêle à frire et faire revenir l'oignon et le bacon pendant 3 minutes à feu doux.

Réduire l'oignon, le bacon, les pommes de terre et le chou égouttés en une purée onctueuse au mélangeur ou au robot culinaire en appuyant sur le bouton de commande intermittente. Ajouter la crème en remuant; saler et poivrer au goût.

Répartir dans deux petites assiettes ou bols.

TRUC: L'ajout d'une petite pomme (pelée, cœur enlevé et hachée) à ce plat est une variante intéressante. Ajoutez-la à la poêle 10 minutes avant que les pommes de terre ne soient cuites.

POUR QUATRE PERSONNES: 750 g (1 ½ lb) de chou, 1 kg (2 lb) de pommes de terre, 2 gros oignons, 6 tranches de bacon, 4 c. à soupe d'huile d'olive, 6 c. à soupe de crème sure (aigre) ou de crème de soja. Servir comme plat principal.

Pommes de terre et brocoli à la truite

La saveur fumée de la truite confère à ce plat un goût intéressant. Vous pourriez également utiliser un autre type de poisson fumé, du jambon fumé, du bacon fumé ou de la saucisse fumée.

2 PETITES PORTIONS

2 pommes de terre
Sel et poivre
4 petits bouquets de brocoli
75 g (3 oz) de filet de truite fumée
3 brins de ciboulette fraîche
2 c. à soupe de crème sure (aigre) ou de crème de soja

Peler les pommes de terre et les couper en quatre. Les mettre dans une petite casserole avec une pincée de sel et assez d'eau pour les couvrir. Faire cuire pendant 15 à 20 minutes jusqu'à ce qu'elles soient tendres. Ajouter le brocoli environ 5 minutes avant que les pommes de terre soient cuites. Bien égoutter.

Hacher la truite très finement. Veiller à ce qu'il n'y ait pas d'arêtes. Hacher la ciboulette.

Piler les pommes de terre et le brocoli jusqu'à l'obtention d'une purée onctueuse, ou réduire en purée au mélangeur ou au robot culinaire en actionnant le bouton de commande intermittente. Ajouter la truite et la ciboulette. Incorporer la crème sure. Saler et poivrer au goût.

TRUC: Vous pouvez ajouter la truite aux pommes de terre et au brocoli lorsque vous les pilez ou les réduisez en purée.

POUR QUATRE PERSONNES: 1 kg (2 lb) de pommes de terre, 600 g (1 ¼ lb) de brocoli, 4 filets de truite fumée, une petite poignée de ciboulette, 8 c. à soupe de crème sure (aigre) ou de crème de soja. Servir comme plat principal.

Salmigondis de légumes au fromage

Cette recette peut être réalisée avec un nombre incalculable de différentes combinaisons de vos légumes préférés. Si le plat est préparé à l'avance, ajoutez le cheddar après avoir réchauffé le plat et tout juste avant de le servir. Le fromage peut aussi être omis.

2 PETITES PORTIONS

6 petites carottes
Un morceau de 15 cm de
   poireau
2 pommes de terre
Sel et poivre
1 gousse d'ail
1 c. à soupe d'huile d'olive
2 c. à soupe de fromage à la
   crème léger
2 c. à soupe de cheddar râpé

Peler et hacher les carottes. Rincer et hacher le poireau. Peler les pommes de terre et les couper en quatre.

Mettre les pommes de terre dans une petite casserole avec les carottes, le poireau et une pincée de sel et assez d'eau pour couvrir. Faire cuire de 15 à 20 minutes jusqu'à ce que les carottes soient très tendres et que les pommes de terre soient cuites. Bien égoutter.

Peler et hacher l'ail. Faire chauffer l'huile dans une petite poêle à frire et faire revenir l'ail pendant une minute.

Ajouter l'ail aux pommes de terre, poireau et carottes égouttés. Piler le tout jusqu'à l'obtention d'une purée très onctueuse, ou à l'aide du bouton de commande intermittente du mélangeur ou du robot culinaire. Incorporer le fromage à la crème et le cheddar. Saler et poivrer, au goût.

Répartir dans deux petites assiettes.

POUR QUATRE PERSONNES: 500 g (1 lb) de carottes, 4 poireaux, 1 kg (2 lb) de pommes de terre, 3 gousses d'ail, 2 c. à soupe d'huile d'olive, 8 c. à soupe de fromage à la crème léger, 8 c. à soupe de cheddar râpé. Servir comme plat principal.

Faire des essais

Ces recettes devraient être une source d'inspiration. Faites appel à votre imagination, vos ingrédients préférés et votre expérience en cuisine pour expérimenter.

Crème tiède à la poire

Essayez d'éviter de consommer de grandes quantités de sucre.
Cette crème peut être sucrée au goût, à la table, avec un peu de miel.

2 PETITES PORTIONS

2 moitiés de poire,
   fraîchement pochées (voir
   «Truc») ou en conserve
   (contenant le moins de
   sucre possible)
4 c. à soupe de crème fraîche
   ou de crème de soja
½ c. à soupe de poudre pour
   crème anglaise
½ c. à thé de cannelle moulue

Au mélangeur ou au robot culinaire, réduire la poire en une fine purée onctueuse. Passer la purée à travers un tamis. Verser dans une petite casserole et ajouter la crème fraîche ou la crème de soja. Porter à ébullition.

Mélanger la poudre pour crème anglaise avec une cuillèrée de liquide des poires en conserve ou pochées. Incorporer le mélange de poire et laisser épaissir à feu doux pendant quelques minutes, en remuant de temps en temps.

Verser dans deux tasses, saupoudrer de cannelle et servir immédiatement.

TRUC: Poires pochées: ajouter 1 c. à thé (à café) de miel et un trait de jus de citron à 100 ml (3   oz) d'eau. Peler et enlever le cœur des poires; les laisser mijoter dans le liquide chaud pendant 10 à 20 minutes jusqu'à ce qu'elles soient tendres.

POUR QUATRE PERSONNES: multiplier les quantités par quatre et servir comme dessert.

Chaud ou froid?
À la question: «Qu'est-ce que tu veux manger?», les patients vont souvent répondre «quelque chose de chaud» ou «quelque chose de froid». Vous trouverez donc des recettes de plat chauds et de plats froids dans les chapitres qui suivent.

Crème anglaise au miel

Recette très simple, elle n'en est pas moins délicieuse. Or, vous voudrez peut-être y ajouter d'autres ingrédients comme des noisettes moulues ou du gingembre cristallisé en sirop haché très finement au lieu du miel. Pour une crème anglaise plus riche, vous pouvez remplacer un quart de la quantité de lait par de la crème à fouetter ou de la crème de soja.

2 PETITES PORTIONS

250 ml (1 tasse) de lait écrémé ou de lait de soja
2 c. à soupe de miel
1 c. à soupe de poudre pour crème anglaise

Verser 2 c. à soupe du lait dans une tasse; réserver. Porter à ébullition le reste du lait avec la moitié du miel.

Mélanger la poudre pour crème anglaise au lait dans la tasse. Incorporer en remuant le lait chaud et laisser le mélange épaissir. Faire cuire à feu doux pendant quelques minutes, en remuant de temps à autre.

Verser la crème anglaise chaude dans deux petits pots et verser le reste du miel en filet sur le dessus.

POUR QUATRE PERSONNES: multiplier les quantités par trois et servir comme dessert.

Smoothie tiède aux abricots

Ce type de smoothie peut être fait avec n'importe quelle purée de fruits que vous avez sous la main. Vous pouvez aussi le préparer avec des abricots séchés, des prunes ou des pruneaux. Assurez-vous que le noyau a été enlevé.

2 OU 3 PETITES PORTIONS

10 abricots frais et mûrs
250 ml (1 tasse) de lait écrémé ou lait de soja
½ c. à soupe de miel
100 ml (3 ½ oz) de yogourt au lait cru ou au soja

Rincer les abricots et retirer les noyaux.

Porter le lait à ébullition avec les abricots et le miel. Laisser mijoter à feu doux pendant 5 minutes.

Mettre les abricots dans le mélangeur ou le robot culinaire avec un peu du lait et réduire en une purée lisse. Ajouter le reste du lait chaud et mixer pendant 2 minutes de plus. Ajouter le yogourt.

Verser dans deux ou trois verres ou tasses.

POUR QUATRE PERSONNES: multiplier les quantités par quatre et servir comme dessert.

Mousse aux pêches à la vapeur

Ces mousses sont servies chaudes, mais vous pouvez les laisser tiédir ou les réfrigérer avant de les servir. Leur consistance sera plus ferme. Essayez d'autres fruits comme des pommes ou des fraises comme alternative aux pêches.

2 OU 3 PETITES PORTIONS

2 moitiés de pêche, fraîchement pochées (voir «Truc» à la page 66) ou en conserve (contenant le moins de sucre possible)

2 c. à soupe de poudre pour crème anglaise

2 œufs

3 c. à soupe de crème à fouetter ou de crème de soja

2 c. à soupe de mélasse claire

Peler les moitiés de pêche, si c'est nécessaire.

Au mélangeur ou au robot culinaire, réduire la pêche en une purée onctueuse.

Mélanger la poudre pour crème anglaise et 2 c. à soupe d'eau froide. Fouetter les œufs, la crème anglaise, la crème et la mélasse claire pendant 5 minutes, jusqu'à l'obtention d'une texture crémeuse. Incorporer la purée de pêche.

Répartir dans deux ou trois petits ramequins. Couvrir de papier d'aluminium. Poser les ramequins sur une grille de cuisson à la vapeur au-dessus d'une casserole d'eau bouillante. Couvrir la casserole. Faire cuire à la vapeur pendant environ 10 à 15 minutes jusqu'à ce que la mousse soit prise. Retirer de la grille et enlever le papier d'aluminium.

Poser chacun des ramequins dans une petite assiette et servir chaud.

POUR QUATRE PERSONNES: doubler les quantités et servir comme dessert.

Mangez ce que vous pouvez
Ce que vous pouvez et voudrez manger vous regarde. Il est toujours préférable de faire des choix santé, mais entre ne rien manger et manger quelque chose qui contient du sucre, n'hésitez pas: optez pour la chose sucrée!

Texture

tendre

Salade de pommes de terre

2 PETITES PORTIONS

2 petites pommes de terre
1 carotte
1 oignon vert
2 brins de persil frais
Une pincée de sel
1 œuf
1 c. à soupe de mayonnaise
Une pincée de poivre

Pour une salade plus nourrissante, ajoutez-y des petits morceaux de jambon ou des crevettes cuites hachées.

Peler les pommes de terre et les couper en petits morceaux. Peler la carotte, rincer l'oignon vert et les hacher, ainsi que le persil.

Mettre les pommes de terre et la carotte dans une casserole avec juste assez d'eau pour les couvrir et une pincée de sel. Porter à ébullition et laisser mijoter pendant 10 à 15 minutes. Ajouter l'oignon vert et cuire pendant 1 minute de plus. Égoutter et laisser tiédir.

Faire cuire l'œuf pendant 8 minutes dans de l'eau bouillante. Le rincer à l'eau froide afin de pouvoir le manipuler. Enlever la coquille et hacher l'œuf.

Mélanger les pommes de terre, la carotte et l'oignon avec l'œuf, la moitié du persil et la mayonnaise. Rectifier l'assaisonnement.

Servir dans deux petits bols et garnir du reste du persil.

Truc: D'autres fines herbes comme la ciboulette et des feuilles de céleri peuvent remplacer le persil ou y être combinées.

Pour quatre personnes:
4 œufs, 8 petites pommes de terre, 6 carottes, 6 oignons verts, un petit bouquet de persil, 8 c. à soupe de mayonnaise. Servir en entrée.

Sandwichs-bâtonnets au fromage à la crème et aux tomates

Choisissez, si possible, du pain complet. Il devrait être moelleux, mais pas trop frais pour éviter qu'il ne soit plus difficile à avaler. Si désiré, enlevez les croûtes.

2 PETITES PORTIONS

1 tomate mûre
5 tiges de ciboulette fraîche
2 tranches de pain complet

1 ½ c. à soupe de fromage
à la crème léger
Une pincée de sel
Une pincée de poivre

Faire blanchir la tomate dans de l'eau bouillante pendant 15 secondes. La rincer à l'eau froide et la peler. Enlever les pépins à l'aide d'une cuiller; couper la tomate en deux et ensuite en lanières.

Hacher la ciboulette très finement.

Enlever les croûtes du pain à l'aide d'un couteau si elles sont trop dures.

Tartiner les tranches de pain de fromage à la crème.

Disposer les lanières de tomates sur une tranche de pain. Parsemer de ciboulette hachée, saler et poivrer.

Déposer l'autre tranche de pain, le côté avec le fromage sur la tomate. Couper en bâtonnets et déposer sur deux petites assiettes.

TRUC: La tomate peut être remplacée par de l'avocat ou une banane. Si vous utilisez une banane, omettez le ciboulette ainsi que le sel et le poivre.

POUR QUATRE PERSONNES: multiplier les quantités par quatre.

Salade de melon et de féta

Choisissez un beau melon bien mûr, sucré et aromatique. Si vous n'avez pas un melon mûr, il est préférable d'utiliser un fruit différent comme une mangue mûre, ou même des fraises. La féta peut être omise, et des miettes de bacon peuvent être ajoutées.

2 OU 3 PETITES PORTIONS

1 oignon vert
Un brin de persil frais
Environ 25 g (1 oz) de féta en cubes
1 c. à soupe de jus de citron
2 c. à soupe d'huile de lin ou d'olive
Une pincée de sel
Une pincée de poivre
½ très petit cantaloup

Rincer et hacher finement l'oignon vert. Hacher le persil finement. Émietter la féta.

Mélanger l'oignon vert, le persil, le jus de citron et les pincées de sel et de poivre.

Couper le melon en trois quartiers et enlever les pépins à l'aide d'une cuiller. Enlever l'écorce du melon à l'aide d'un couteau, couper la chair en morceaux et la mettre dans un bol.

Bien mélanger la féta, la vinaigrette à l'oignon vert avec le melon. Déposer chaque quartier d'écorce de melon dans une petite assiette et y déposer 2 à 3 généreuses cuillerées à soupe de salade de melon.

TRUC: Cette salade se conserve au réfrigérateur au moins pendant une journée. Il n'est donc pas nécessaire de toute la manger en une seule fois.

POUR QUATRE PERSONNES: doubler les quantités et servir en entrée.

Collations

Les collations tendres et relevées recommandées sont des profiteroles à la crème anglaise ou à la crème du commerce, les tomates cerises mûres, les raisins ou les cerises, et les fruits mous mûrs. Vous pouvez aussi préparer une délicieuse salade de fruits à partir d'une généreuse quantité de différents fruits mous.

Salade de pâtes aux champignons et à la tomate

Assurez-vous de cuire les pâtes un peu plus longtemps afin d'obtenir la consistance recommandée.

2 OU 3 PETITES PORTIONS

2 tomates cerises
6 petits champignons
2 petits bouquets de brocoli
2 haricots verts
2 tomates séchées au soleil dans de l'huile d'olive
2 petits nids de tagliatelles
Sel et poivre
2 c. à thé (à café) de vinaigre
Une pincée de sucre

Rincer les légumes. Couper les tomates cerises, champignons, brocoli, haricots et tomates séchées en petits morceaux.

Faire cuire les pâtes avec une pincée de sel pendant 2 minutes de plus qu'indiqué dans le mode d'emploi sur l'emballage. Ajouter les morceaux de brocoli et les haricots 5 minutes avant la fin du temps de cuisson. Égoutter.

Faire chauffer 2 c. à soupe d'huile des tomates séchées dans une petite poêle et y faire revenir les champignons 2 minutes à feu doux. Ajouter les tomates cerises et les tomates séchées. Incorporer le vinaigre et le sucre; saler et poivrer au goût. Éteindre le feu.

Mélanger tous les ingrédients et laisser tiédir. Servir dans des petits bols.

TRUC: Cette salade se conserve au réfrigérateur au moins une journée. Il n'est donc pas nécessaire de toute la manger en une seule fois.

POUR QUATRE PERSONNES: 6 tomates cerises, 250 g (½ lb) de champignons, 1 tête de brocoli, 100 g (3 ½ oz) de haricots verts, 6 tomates séchées au soleil, 300 g (10 oz) de tagliatelles, 6 c. à soupe d'huile d'olive des tomates séchées, 2 c. à soupe de vinaigre, sucre, sel et poivre, au goût.

Sandwich à la tartinade d'aubergine et de poulet

Ce sandwich peut aussi être préparé avec une courgette, et est tout aussi déliceux avec du jambon fumé ou du saumon fumé.

2 PETITES PORTIONS

¼ d'aubergine
½ c. à soupe d'huile d'olive
Un brin de persil frais
Environ 25 g (1 oz) de poulet fumé

1 c. à soupe de fromage à la crème lèger ou de fromage frais
Une pincée de poivre
1 tomate cerise
4 petites feuilles de laitue

Rincer l'aubergine et la trancher en quatre rondelles. Les asperger d'huile d'olive et les faire dorer de chaque côté dans une poêle. Réserver et laisser tiédir.

Hacher le persil.

Mixer le poulet avec le fromage à la crème au mélangeur ou au robot culinaire jusqu'à consistance lisse. Ajouter une pincée de poivre et le persil.

Couper la tomate cerise en six minuscules quartiers.

Déposer une cuillerée à thé (à café) de la tartinade au poulet sur une tranche d'aubergine. Rincer les feuilles de laitue et en placer deux sur la tranche d'aubergine, suivies du reste de la tartinade au poulet et la moitié des quartiers de tomate. Couvrir d'une deuxième tranche d'aubergine et répéter avec le reste des ingrédients.

Servir dans deux petites assiettes.

Truc: L'aubergine peut être pelée, la tomate aussi, si désiré.

Pour quatre personnes: doubler les quantités et servir en entrée.

Crème glacée éclair à la crème anglaise et aux framboises

Vous pouvez acheter de la crème anglaise prête à manger. Si vous préférez la préparer vous-même à partir d'un sachet, il n'est pas nécessaire d'ajouter du sucre – une toute petite quantité de miel suffira. Assurez-vous que la crème anglaise est refroidie avant de l'y incorporer.

2 PETITES PORTIONS

150 g (5 oz) de framboises
    surgelées
150 ml (5 oz) de crème anglaise
    prête à manger
1 à 2 c. à soupe de sirop de
    framboises

Mixer les framboises au mélangeur ou au robot culinaire. Veiller à ce que la texture du mélange soit aussi onctueuse que possible, mais encore surgelée.

Mélanger la crème anglaise et le sirop, au goût.

Remplir à la cuiller deux verres ou bols. Servir aussitôt.

TRUC: Des mûres peuvent remplacer les framboises.

POUR QUATRE PERSONNES: multiplier les quantités par trois et servir comme dessert.

Non traité: un meilleur choix
Les herbicides et les pesticides ont un effet néfaste sur le système immunitaire; choisissez donc des ingrédients non traités (biologiques). Rincez toujours bien les fruits et légumes, qu'ils soient biologiques ou non afin d'éliminer la bactérie *E. coli*.

Gelée de baies

Pour que vous puissiez bénéficier d'autant de vitamines que possible, le fruit entier entre dans la composition de cette recette. Par conséquent, la gelée n'est pas aussi limpide que si elle était préparée à partir d'un sachet.

2 OU 3 PETITES PORTIONS

200 g (7 oz) de fraises
150 g (5 oz) de bleuets
  (myrtilles)

5 g (1 c. à thé) de poudre de
  gélatine ou 3 feuilles de
  gélatine
1 c. à soupe de miel

Rincer les fruits. Réserver une fraise et deux bleuets

Mixer aussi finement que possible les fraises et les bleuets restants au mélangeur ou au robot culinaire et tamiser.

Préparer la gélatine ou la faire tremper selon le mode d'emploi sur l'emballage.

Verser un quart de la purée de fruits dans une petite casserole avec le miel. Porter à ébullition; retirer du feu. Incorporer la gélatine en remuant et la laisser se dissoudre; incorporer ensuite le reste de la purée de fruits. Verser dans deux ou trois verres.

Réfrigérer pendant au moins 2 heures.

Couper la fraise réservée en quartiers. Garnir la gelée de quartiers de fraise et de bleuets.

TRUC: Cette gelée peut aussi être préparée avec un seul fruit mûr ou une autre combinaison de fruits. Essayez mangue, melon, pêche, nectarine, abricots, prunes, raisin, cerises, groseilles ou autres baies.

POUR QUATRE PERSONNES: multiplier les quantités par quatre et servir comme dessert.

Pouding au riz crémeux aux canneberges (airelles)

Comme pour la plupart des recettes, ce pouding au riz est sucré au miel parce qu'on juge ce dernier meilleur pour la santé que le sucre blanc.

2 OU 3 PETITES PORTIONS

200 ml (7 oz) de lait écrémé ou de soja

2 c. à soupe de riz à dessert à cuisson rapide

2 c. à soupe de canneberges (airelles) semi-séchées

1 à 1 ½ c. à soupe de miel

7 ½ c. à soupe de crème à fouetter ou de crème de soja

Dans une petite casserole, porter à ébullition le lait avec le riz, les canneberges et le miel. Réduire le feu au minimum et laisser mijoter jusqu'à ce que le riz soit tendre, en remuant de temps à autre. Respecter le temps de cuisson indiqué sur l'emballage.

Réserver et laisser tiédir; remuer de temps à autre.

Fouetter la crème jusqu'à la formation de pics mous et incorporer délicatement au pouding au riz froid.

Répartir dans deux ou trois petits bols ou verres.

TRUC: Les canneberges peuvent être remplacées par d'autres fruits séchés, comme pommes, pruneaux, figues, abricots ou raisins secs.

POUR QUATRE PERSONNES: multiplier les quantités par trois et servir comme dessert.

Salade de fruits miellée

Cette salade de fruits est servie avec une vinaigrette au citron et au miel. Certaines personnes la trouveront peut-être un peu trop aigre. Dans ce cas, utilisez plutôt un sirop de fruits en bouteille.

2 OU 3 PETITES PORTIONS

½ petit citron
½ c. à soupe de miel
1 banane
1 pêche ou nectarine, fraîche ou en conserve (à très faible teneur en sucre ajouté)
1 kiwi

Extraire le jus du citron dans un grand bol. Ajouter le miel, en remuant jusqu'à ce qu'il soit dissous.

Peler la banane, la pêche et le kiwi. Couper la pêche en deux et en retirer le noyau.

Couper les fruits en petits morceaux et les mélanger à la vinaigrette au miel. Laisser reposer au moins 10 minutes.

Répartir dans deux ou trois petits verres ou bols.

TRUC: La plupart des fruits se jumellent bien à d'autres. Il est préférable d'utiliser des fruits mous et mûrs, et en saison.

POUR QUATRE PERSONNES: multiplier les quantités par trois et servir comme dessert.

Menthe et gingembre
Certains ingrédients naturels renferment des propriétés médicinales pouvant atténuer les nausées et les maux d'estomac. Dans des cas bénins, du thé à la menthe ou du gingembre frais (dans un plat cuisiné ou en infusion) peuvent soulager les malaises.

Ragoût de poulet

La texture agréable des ragoûts les rend faciles à avaler. Le poulet peut être remplacé par un bon jambon frais (sans agents de conversation), par des crevettes ou du poisson cuits. Si vous utilisez des crevettes ou du poisson, utilisez du bouillon de poisson.

2 PETITES PORTIONS

10 c. à soupe de riz complet
   à cuisson rapide
2 haricots d'Espagne
⅛ de poivron rouge
2 oignons verts
Une pincée de sel
50 g (2 oz) de poulet cuit ou fumé
1 c. à soupe d'huile d'olive
Une petite c. à soupe de farine
200 ml (7 oz) de bouillon de poulet
   fait à partir de cubes, ou maison
2 c. à soupe de crème fraîche ou
   de crème de soja
Une pincée de poivre

Faire cuire le riz dans de l'eau bouillante selon le mode d'emploi sur l'emballage. Égoutter.

Rincer les haricots et les couper très finement. Rincer le poivron rouge et l'épépiner. Rincer les oignons verts et les hacher menu.

Faire cuire les haricots et le poivron rouge pendant 8 minutes dans de l'eau bouillante avec une pincée de sel. Après 5 minutes, ajouter les oignons verts et faire bouillir pendant 3 minutes de plus. Égoutter.

Couper le poulet en petits morceaux.

Faire chauffer l'huile d'olive dans une casserole. Retirer du feu et incorporer la farine. Faire chauffer pendant 3 minutes, en remuant de temps à autre. Retirer du feu et incorporer en remuant la moitié du bouillon. Porter à ébullition, en remuant continuellement, en ajoutant du bouillon lorsque la sauce devient trop épaisse. Une fois tout le bouillon incorporé, ajouter les légumes et le poulet.

Incorporer la crème fraîche ou la crème de soja et laisser cuire à feu doux pendant quelques minutes. Saler et poivrer.

Servir le riz avec le ragoût dans deux petites assiettes.

TRUC: Les gens malades ont parfois de la difficulté à manger du riz. Il peut être remplacé par des pâtes ou des pommes de terre.

POUR QUATRE PERSONNES: 300 g (10 oz) de riz complet à cuisson rapide, 400 g (14 oz) de haricots d'Espagne, 2 poivrons rouges, 8 oignons verts, 300 g (10 oz) de poulet cuit ou fumé, 6 c. à soupe d'huile d'olive, 3 c. à soupe de farine, 1 litre (4 tasses) de bouillon de poulet, 8 c. à soupe de crème fraîche, sel et poivre au goût.

Taille des oignons
Parmi les ingrédients utilisés dans ce livre, on trouve souvent un «petit oignon». Il s'agit d'un oignon d'environ 30 à 40 g (1 à 1 ½ oz). Les oignons verts devraient peser environ 20 g (¾ d'oz).

Macaroni aux poireaux, jambon et fromage

Ce macaroni peut être passé dans le four ou sous le gril, garni d'un peu plus de fromage pour faire un semblant de «gratin». Ne laissez pas une croûte trop rigide se former; cela le rendrait difficile à avaler.

2 PETITES PORTIONS

Environ 50 g (2 oz) de macaroni

Un morceau de poireau d'environ
   10 cm (4 po)

1 petite tomate

Environ 30 g (1 oz) de jambon frais
   tranché, sans agents de conservation

2 brins de persil frais

2 c. à soupe d'huile d'olive

2 c. à soupe de fromage à la crème
   léger

2 c. à soupe de cheddar râpé

Une pincée de sel

Une pincée de poivre

Faire cuire le macaroni dans de l'eau bouillante selon le mode d'emploi sur l'emballage. Égoutter.

Rincer le poireau et le couper en tranches très minces. Rincer la tomate et la couper en petits morceaux. Couper le jambon en fines lanières. Hacher le persil.

Faire chauffer l'huile d'olive dans une casserole et faire revenir le poireau pendant 3 minutes, à feu moyen. Ajouter la tomate et faire revenir pendant 1 minute de plus.

Ajouter le fromage à la crème et le laisser fondre. Incorporer le cheddar râpé et le faire fondre. Ajouter le macaroni, le jambon, la moitié du persil; saler et poivrer au goût. Faire chauffer pendant 1 minute de plus.

Servir dans deux petites assiettes et garnir du reste du persil.

TRUC: Délicieux, le poireau donne aussi de la couleur au plat, ce qui aide le patient à apprécier manger. Si vous n'avez pas de poireau, utilisez un oignon.

POUR QUATRE PERSONNES: 300 g (10 oz) de macaroni, 3 poireaux, 6 tomates, 200 g (7 oz) de jambon, une petite poignée de persil, 4 c. à soupe d'huile d'olive, 200 g (7 oz) de fromage à la crème léger, 8 c. à soupe de cheddar râpé, sel et poivre au goût.

Riz à l'orientale aux fruits et noix

Ce riz doux et parfumé peut être agrémenté par l'ajout d'un fil de safran trempé au préalable dans 1 c. à thé (à café) d'eau chaude ou d'une graine de cardamome. Ces ingrédients doivent être ajoutés en même temps que les fruits séchés.

2 PETITES PORTIONS

1 orange
1 c. à soupe de miel
2 abricots séchés
2 pruneaux
2 pommes séchées
Un morceau de poireau d'environ 10 cm (4 po)

4 c. à soupe de noix mélangées (sauf des arachides)
10 c. à soupe de riz complet à cuisson rapide
1 c. à soupe d'huile d'olive
½ cube de bouillon de légumes
1 c. à thé (à café) de cannelle

Rincer l'orange et en râper le zeste dans une petite casserole. Couper en deux l'orange et en extraire le jus; ajouter à la casserole. Ajouter le miel et cuire pendant 2 minutes à feu moyen. Réserver.

Hacher finement les fruits séchés, le poireau et les noix. Rincer le riz.

Faire chauffer l'huile d'olive dans une petite casserole. Faire revenir le poireau pendant 3 minutes à feu doux. Incorporer le riz, les fruits, les noix, 300 ml (10 oz) d'eau et le demi-cube de bouillon de légumes.

Laisser cuire le riz à feu très doux selon le mode d'emploi de l'emballage. Si le riz est sec mais encore ferme, ajouter un peu d'eau chaude et faire cuire jusqu'à ce qu'il soit tendre.

Ajouter la cannelle et mélanger. Servir dans deux petites assiettes; arroser de sirop d'orange et de miel au goût.

TRUC: Comme le riz ne se conserve pas longtemps, il est préférable d'en faire cuire juste assez et de le manger lorsqu'il est frais.

POUR QUATRE PERSONNES: 2 oranges, 2 c. à soupe de miel, 150 g (5 oz) de fruits séchés, 2 poireaux, 12 c. à soupe de noix, 350 g (12 oz) de riz complet à cuisson rapide, 3 c. à soupe d'huile d'olive, 1 ½ cube de bouillon, 1 ½ litre (6 tasses) d'eau, 4 c. à thé (à café) de cannelle.

Sauté de nouilles au poulet

Utilisez des nouilles aux œufs, de riz ou spécialement pour les sautés. Les ingrédients peuvent aussi être remplacés par d'autres combinaisons que vous préférez. Pour en faire un plat végétarien, remplacez le poulet par des morceaux d'omelette ou de tofu.

2 OU 3 PETITES PORTIONS

Environ 50 g (2 oz) de nouilles
1 petit citron
4 oignons verts
¼ de poivron rouge
6 champignons shiitaké

Environ 50 g (2 oz) de poitrine
    de poulet
1 c. à soupe d'huile d'olive
1 c. à soupe de sauce soja
    sucrée et épaisse
Sel et poivre

Faire cuire les nouilles dans de l'eau bouillante pendant 1 minute de plus qu'indiqué sur l'emballage. Égoutter et laisser tiédir.

Rincer le citron et en râper le zeste pour obtenir 2 petites c. à thé (à café) de zeste. Couper le citron en deux.

Rincer les oignons verts et le poivron rouge, et essuyer les champignons. Épépiner le poivron rouge et couper les légumes en petits morceaux. Couper le poulet en petites lanières.

Faire chauffer l'huile dans un wok. Ajouter le poulet et le faire revenir à feu doux pendant 3 minutes. Ajouter les légumes et faire revenir pendant 5 minutes de plus. Incorporer les nouilles et le zeste de citron, et faire sauter le tout pour réchauffer les nouilles. Ajouter la sauce soja et arroser d'un peu de jus de citron. Saler et poivrer.

Servir dans deux ou trois petits bols, accompagnés d'un quartier de citron si désiré.

Truc: Les nouilles cuites peuvent être conservées au réfrigérateur une journée. Elles ont meilleur goût lorsqu'elles sont fraîchement cuites.

Pour quatre personnes: 300 g (10 oz) de nouilles, le zeste et le jus d'un citron, 8 oignons verts, 2 poivrons rouges, 250 g (½ lb) de champignons shiitaké, 200 g (7 oz) de poitrine de poulet, 2 c. à soupe d'huile d'olive, sauce soja sucrée et épaisse, au goût.

Crêpes au poivron grillé et au fromage

Ces crêpes peuvent aussi être servies avec des garnitures sucrées.
Dans ce cas, ajoutez un peu de sucre vanillé à la pâte.

2 PETITES PORTIONS

4 c. à soupe de farine
  complète
Une pincée de sel
100 ml (3 ½ oz) de lait
  écrémé ou de soja
3 c. à soupe d'œuf battu

1 poivron rouge grillé, en pot
Un brin de persil frais
Un filet d'huile d'olive
2 c. à soupe de ketchup ou de
  sauce tomate
3 c. à soupe de cheddar râpé

Mélanger la farine, le sel, le lait et l'œuf, et fouetter jusqu'à ce que la pâte soit lisse.

Couper le poivron en lanières. Hacher le persil.

Faire chauffer l'huile d'olive dans une grande poêle. Déposer deux cuillerées de pâte à crêpe côte à côte dans la poêle et les faire frire jusqu'à ce que le dessus soit sec et que l'autre côté soit légèrement doré. Les retourner et les tartiner du ketchup ou de la sauce tomate.

Disposer les lanières de poivron sur les crêpes et les parsemer de fromage râpé. Faire frire une minute de plus à feu doux jusqu'à ce que le fromage soit fondu.

Placer les crêpes dans deux petites assiettes et les garnir de persil.

TRUC: Vous pouvez remplacer le cheddar par du fromage à la crème léger si vous préférez.

POUR QUATRE PERSONNES: multiplier les quantités par quatre et servir comme repas léger.

Gruau aux amandes et au miel

On peut varier la consistance du gruau en fonction des préférences de chacun. Pour un gruau plus épais, ajouter simplement plus de flocons d'avoine. Si le gruau est trop épais, ajoutez du lait et faites-le chauffer un peu plus longtemps.

2 PETITES PORTIONS

250 ml (1 tasse) de lait écrémé ou de soja
5 c. à soupe de flocons d'avoine à gruau
Une pincée de sel
2 c. à soupe d'amandes broyées
1 à 2 c. à soupe de miel
2 c. à soupe de crème à fouetter ou de crème de soja

À feu moyen, porter doucement à ébullition le lait, les flocons d'avoine, la pincée de sel et les amandes. Remuer continuellement jusqu'à ce que le gruau épaississe et devienne crémeux. Réduire le feu et laisser cuire pendant quelques minutes.

Répartir le gruau dans deux bols et l'arroser de miel et de crème. Remuer un peu avant de servir.

TRUC: Une variante intéressante: sucrer le gruau avec, par exemple, des confitures pur fruit ou des fruits frais sucrés.

POUR QUATRE PERSONNES: multiplier les quantités par quatre.

Texture différente, situation différente
Les patients préféreront certaines textures plus que d'autres à différents moments de leur chimiothérapie, selon les effets du traitement. En d'autres mots, toutes les textures pourraient leur plaire à certains moments, tandis qu'à d'autres une seule fera l'affaire.

Banane frite à la crème à l'érable

Un ananas ou une pomme peut très bien remplacer la banane. Même cuit, l'ananas n'est jamais aussi mou que la banane. À conseiller seulement si le patient est en mesure d'avaler des aliments de texture ferme.

2 PETITES PORTIONS

7 c. à soupe de crème à fouetter
4 c. à soupe de sirop d'érable
1 banane
1 c. à soupe de beurre

Fouetter la crème avec 1 c. à soupe de sirop d'érable jusqu'à la formation de pics.

Peler la banane et la couper en tranches épaisses.

Faire fondre le beurre dans une poêle et faire dorer les tranches de banane pendant 1 à 2 minutes de chaque côté. Ajouter le reste du sirop d'érable et cuire pendant 30 secondes de plus.

Mettre les tranches de banane dans deux petits bols et couronner de crème à l'érable et du sirop chaud de la poêle.

TRUC: Pour faire revenir les aliments, l'huile d'olive est habituellement recommandée. Dans le cas de cette recette, cependant, c'est le beurre qui est suggéré.

POUR QUATRE PERSONNES: multiplier les quantités par quatre et servir comme dessert.

Crêpes à la confiture et au sucre vanillé

Il est préférable d'utiliser une confiture pur fruit. Sinon, choisissez-en une très faible en sucre.

2 PETITES PORTIONS

2 c. à soupe de farine complète
½ c. à soupe de sucre vanillé
6 c. à soupe de lait écrémé ou
   de soja
1 c. à soupe d'œuf battu

Un filet d'huile d'olive douce
2 c. à soupe de confiture non
   sucrée
1 c. à thé (à café) de sucre à
   glacer

Mixer la farine, le sucre vanillé, le sel, le lait et l'œuf jusqu'à l'obtention d'une pâte lisse.

Faire chauffer l'huile d'olive dans une petite poêle. Verser la moitié de la pâte dans la poêle et faire frire la crêpe pendant quelques minutes jusqu'à ce qu'elle soit sèche sur le dessus et légèrement dorée en dessous.

Retourner la crêpe et la faire dorer environ une minute de plus. Glisser la crêpe dans une assiette et faire frire une deuxième crêpe avec le reste de la pâte.

Disposer les crêpes sur deux petites assiettes. Les tartiner de confiture, les rouler et les saupoudrer de sucre à glacer.

TRUC: Ces crêpes peuvent être servies avec une boule de crème glacée ou des fruits frais.

POUR QUATRE PERSONNES: multiplier les quantités par six et servir comme dessert.

Compote de fruits et crème glacée

Les fruits séchés se conservent vraiment longtemps et sont pratiques pour préparer un plat en un clin d'oeil. Pour cette recette, vous pouvez cependant utiliser des fruits frais, si vous en avez. Assurez-vous de bien les rincer avant de vous en servir.

2 PETITES PORTIONS

2 pruneaux
2 abricots séchés, prêts
    à manger
1 c. à soupe de canneberges
    (airelles) séchées ou de
    raisins secs
½ citron
½ à 1 c. à soupe de miel
1 c. à thé (à café) d'arrow-root
2 boules de crème glacée

Couper les pruneaux, les abricots et les canneberges en morceaux.

Extraire le jus du citron et le verser dans une casserole. Ajouter 100 ml (3 ½ oz) d'eau et du miel au goût et porter à ébullition. Remuer jusqu'à ce que le miel soit dissous. Ajouter les pruneaux, les abricots et les canneberges ou les raisins secs, et faire cuire pendant 5 minutes à feu doux.

Mélanger l'arrow-root à ½ c. à soupe d'eau froide et ajouter au mélange de fruits en remuant. Faire cuire pendant 2 minutes.

Mettre une boule de crème glacée au centre de deux petites assiettes et verser de la compote de fruits dans chacune.

POUR QUATRE PERSONNES: multiplier les quantités par quatre et servir comme dessert.

Petit à petit
Les grandes quantités de nourriture peuvent décourager les patients. Il est préférable de leur servir des petites portions à différents moments de la journée.

Texture
liquide

Soupe froide aux carottes et aux agrumes

Cette soupe onctueuse et crémeuse peut être allongée ou épaissie selon vos préférences en y ajoutant du bouillon. Comme la plupart des soupes froides, elle peut aussi être servie chaude.

2 PETITES PORTIONS

½ tranche de pain complet
4 carottes
1 petit oignon
1 petit citron
1 petite orange
2 tiges de ciboulette fraîche
  (facultatif)

3 c. à soupe d'huile d'olive
150 ml (5 oz) de bouillon
  de poulet faible en gras,
  en cube ou fait maison
5 c. à soupe de crème à
  fouetter ou de crème de soja
Sel et poivre

Enlever les croûtes de pain et couper la mie en cubes. Peler et hacher les carottes et l'oignon. Rincer et zester le citron. Extraire le jus d'une moitié du citron et de toute l'orange. Rincer et hacher la ciboulette.

Faire chauffer l'huile d'olive dans une casserole. Ajouter les carottes, l'oignon et le zeste de citron. Faire revenir pendant 3 minutes à feu moyen. Ajouter le pain, ½ c. à soupe de jus de citron, le jus d'orange et le bouillon. Faire cuire jusqu'à ce que les carottes soient très tendres, de 10 à 15 minutes. Ajouter la crème et laisser cuire pendant 1 minute de plus.

Passer au mélangeur ou au robot culinaire. Veiller à ce que la soupe soit lisse. Saler et poivrer au goût; laisser tiédir. Conserver la soupe au réfrigérateur jusqu'au moment de servir.

Verser dans deux verres ou bols et garnir de ciboulette hachée, si désiré, et d'un peu plus de zeste de citron.

TRUC: Cette recette peut aussi être réalisée avec de la citrouille ou des courgettes au lieu des carottes.

POUR QUATRE PERSONNES: multiplier les quantités par trois et servir en entrée.

Smoothie au concombre et à la pomme

Ce smoothie peut être réalisé avec toutes sortes de jus de fruits. Le yogourt peut être remplacé par la même quantité de jus de fruits.

2 PETITES PORTIONS

½ concombre
¼ de tranche de pain complet
2 feuilles de menthe fraîche
150 ml (5 oz) de yogourt au
    lait cru ou au soja

100 ml (3 ½ oz) de jus de
    pomme
Une pincée de sel
Une pincée de poivre

Peler et hacher le concombre. Enlever les croûtes de pain et couper la mie en morceaux.

Mixer tous les ingrédients au mélangeur ou au robot culinaire. Veiller à ce que la texture du mélange soit aussi onctueuse que possible.

Verser dans deux verres et servir immédiatement, ou conserver au réfrigérateur jusqu'au moment de servir.

Truc: ½ c. à soupe de miel peut être ajoutée pour sucrer ce smoothie. Or, si vous pouvez résister au sucre, éviter d'en utiliser.

Pour quatre personnes: multiplier les quantités par trois et servir comme boisson.

Gaspacho savoureux à la framboise

L'ingrédient principal du gaspacho traditionnel est la tomate (délicieux et vivement recommandé). Or, cette variante aux framboises est encore plus appréciée des gens malades et des membres de leur famille. D'autres variantes de ce gaspacho peuvent être préparées avec des fraises, des mûres ou des bleuets (myrtilles).

2 PETITES PORTIONS

½ concombre
½ oignon vert ou petit oignon
1 petite gousse d'ail
¼ de tranche de pain complet
5 c. à soupe d'huile d'olive
1 à 2 c. à thé (à café) de vinaigre
   de framboise ou balsamique
150 g (5 oz) de framboises
   surgelées ou fraîches
Sel et poivre
½ à 1 c. à soupe de sirop de
   framboises

Peler le concombre, l'oignon vert, ou l'oignon, et l'ail. Enlever les croûtes de pain et couper la mie en cubes.

Mixer tous les ingrédients, sauf 2 framboises, et les assaisonnements au mélangeur ou au robot culinaire avec 3 c. à soupe d'eau froide. Veiller à ce que la texture du mélange soit aussi onctueuse que possible. Saler et poivrer, et ajouter du sirop de framboises, au goût.

Verser dans deux verres ou bols, garnir d'une framboise au centre et servir immédiatement, ou conserver au réfrigérateur jusqu'au moment de servir.

TRUC: Un trait de tabasco relève bien le goût de ce gaspacho qui risque cependant d'être trop épicé. Il est donc préférable de laisser les personnes qui apprécient les mets épicés ajouter elles-mêmes du tabasco à leur soupe.

POUR QUATRE PERSONNES: doubler les quantités et servir en entrée.

Les collations
Parmi les collations liquides prêtes à consommer suggérées: jus de tomate ou de légumes (surtout le jus de carotte), jus de fruits, boissons pour le petit-déjeuner et smoothies. Préférez les jus de fruits sans sucre que vous pouvez toujours sucrer vous-même.

Soupe froide à la tomate et au poivron rouge

Une soupe froide qui se prépare en un tournemain et qui ne nécessite aucune cuisson. Elle peut aussi être servie chaude.

2 PETITES PORTIONS

½ tranche de pain complet
2 poivrons rouges grillés, en pot
Un brin de persil frais ou quelques feuilles de basilic frais

250 ml (1 tasse) de jus de tomate
2 c. à soupe d'huile d'olive
Sel et poivre

Enlever les croûtes de pain et couper la mie en cubes.

Mixer tous les ingrédients au mélangeur ou au robot culinaire. Veiller à ce que la texture du mélange soit aussi onctueuse que possible.

Verser dans deux ou trois petits verres ou bols. Servir immédiatement ou réfrigérer jusqu'au moment de servir.

TRUC: Les poivrons rouges vendus en pot ont souvent très bon goût, et une petite quantité du liquide dans lequel ils baignent peut être ajouté à la soupe pour en rehausser la saveur. Si vous préférez faire griller vous-même les poivrons, reportez-vous aux directives de la page 40.

POUR QUATRE PERSONNES: multiplier les quantités par trois et servir en entrée.

Smoothie aux épinards et aux noix de Grenoble

Parce qu'ils sont nourrissants et faciles à préparer, les smoothies font d'excellents repas «instantanés». Ils sont habituellement faits avec du lait, du babeurre ou du yogourt, mais si les produits laitiers se digèrent mal, essayez de l'avocat en purée, du jus de tomate ou de carotte.

2 OU 3 PETITES PORTIONS

50 g (2 oz) d'épinards frais
2 c. à soupe de noix de
    Grenoble écalées

250 ml (1 tasse) de babeurre
½ à 1 c. à soupe de miel
Sel et poivre

Rincer et bien essorer les épinards.

Mixer les épinards, les noix de Grenoble, le babeurre et le miel au mélangeur ou au robot culinaire. Veiller à ce que la texture du mélange soit aussi onctueuse que possible. Saler et poivrer.

Verser dans deux ou trois verres et servir immédiatement, ou conserver au réfrigérateur jusqu'au moment de servir.

TRUC: Les épinards frais peuvent être remplacés par des épinards surgelés. Laissez-les décongeler avant de vous en servir, ou, pour un smoothie très froid, mixez-les 10 minutes après les avoir sortis du congélateur.

POUR QUATRE PERSONNES: multiplier les quantités par trois et servir comme boisson.

Smoothie aux amandes et aux pêches

Les fruits mous comme les pêches sont parfaits pour les smoothies. Ils doivent cependant être bien mûrs. Il en va de même pour les abricots, les prunes, les melons, les mangues, les bananes et toutes les variétés de baies.

2 PETITES PORTIONS

2 pêches mûres
5 c. à soupe de sirop de pêche
4 c. à soupe d'amandes broyées
200 ml (7 oz) de lait écrémé ou
   de soja

Peler, couper en deux et retirer le noyau des pêches.

Mixer tous les ingrédients au mélangeur ou au robot culinaire. Veiller à ce que la texture du mélange soit aussi onctueuse que possible.

Verser dans des verres et servir immédiatement, ou conserver au réfrigérateur jusqu'au moment de servir.

TRUC: Ce smoothie peut aussi être réalisé avec des pêches en conserve, en utilisant du sirop de la boîte. Si le lait cause des problèmes, remplacez-le par du jus de fruits.

POUR QUATRE PERSONNES: multiplier les quantités par trois et servir comme boisson.

Le défi
Cuisiner pour quelqu'un qui est atteint d'un cancer peut être très gratifiant, mais aussi très décevant par moments. Vous souhaitez que le patient apprécie ses aliments, qu'il mange bien et qu'il maintienne ses forces. Il se peut, cependant, qu'il soit incapable de manger les plats préparés avec tant de soin. Souvenez-vous que la situation est tout aussi frustrante pour le patient qu'elle l'est pour vous qui cuisinez pour lui.

Jus glacé de fraise et de canneberge (airelle)

Les fruits qui entrent dans la composition de cette recette sont surgelés. Sortez-les du congélateur 10 minutes avant de vous en servir pour qu'ils soient plus faciles à réduire en purée.

2 PETITES PORTIONS

250 g (½ lb) de fraises surgelées
5 c. à soupe de jus de canneberge (airelle) sans sucre

Au mélangeur ou au robot culinaire, réduire les fraises en une purée très onctueuse. Ajouter le jus de canneberge. Mixer une minute de plus.

Verser dans deux verres et servir immédiatement.

TRUC: Ce jus froid peut être sucré avec du miel.

POUR QUATRE PERSONNES: multiplier les quantités par trois et servir comme boisson.

Soupe froide aux fruits mélangés

Vous pouvez remplacer le melon, les tangerines et le kiwi par toutes sortes d'autres fruits.
Quelques suggestions: melon, prunes et framboises; banane, kiwi et mangue; nectarine,
groseilles et fruit de la passion, ou poire, mûres et oranges.

1 OU 2 PETITES PORTIONS

1 petit quartier de melon mûr
2 tangerines
1 kiwi mûr
1 c. à soupe de miel

Peler les fruits.

Mixer tous les ingrédients au mélangeur ou au robot culinaire. Veiller
à ce que la texture du mélange soit aussi onctueuse que possible.

Passer le jus à travers un tamis.

Verser dans un ou deux petits bols et servir immédiatement, ou conserver
au réfrigérateur jusqu'au moment de servir.

TRUC: Cette soupe de fruits peut être diluée avec du jus, au goût.

POUR QUATRE PERSONNES: multiplier les quantités par quatre et servir comme
dessert.

Créer des moments agréables

Faites comme si manger était un
événement social, surtout lorsque le
patient subit des effets secondaires
et qu'il a de moins en moins envie
de manger. Préparez toujours au
moins deux portions. La portion
supplémentaire peut être conservée
au réfrigérateur pendant au moins
une journée.

Lait fouetté à la banane et au gingembre

Les laits battus sont délicieux, crémeux et froids, et sont souvent faciles à avaler. Il se peut, cependant, que le fait qu'ils contiennent du lait, de la crème glacée ou d'autres produits laitiers puisse causer des problèmes. Dans ce cas, utilisez des jus ou des sorbets aux fruits au lieu du lait ou de la crème glacée.

2 PETITES PORTIONS

1 banane
Environ 10 g (2 c. à thé) de gingembre
   frais
4 c. à soupe de sirop de gingembre
1 c. à soupe de jus de lime frais
3 boules de crème glacée à la vanille
100 ml (3 ½ oz) de lait écrémé ou
   de soja

Peler la banane et le gingembre. Râper finement le gingembre.

Réduire en une purée très onctueuse la banane, le gingembre râpé, le sirop de gingembre et le jus de lime au mélangeur ou au robot culinaire.

Ajouter la crème glacée et le lait, et fouetter pendant quelques minutes de plus.

Verser dans deux verres et servir immédiatement.

TRUC: Le même type de lait fouetté peut être réalisé avec toutes sortes de fruits mous. Le jus de lime peut être remplacé par du jus de citron ou d'orange, et le sirop de gingembre par n'importe quelle confiture pur fruit. Le gingembre frais peut aussi être omis.

POUR QUATRE PERSONNES: multiplier les quantités par trois.

Faites preuve de souplesse
Étant donné que l'appétit du patient peut changer de minute en minute, essayez de ne pas être trop déçu ou insistant si ce que vous avez préparé est rejeté.

Soupe au fenouil à la crème

Cette soupe est délicieuse lorsque sa consistance est très lisse et veloutée. Si vous la préférez encore plus onctueuse, vous pouvez la passer à travers un tamis avant de la servir. Le pain utilisé dans les soupes crémeuses peut être omis si le patient a de la difficulté à le tolérer.

2 PETITES PORTIONS

½ tranche de pain complet
1 bulbe de fenouil
1 petit oignon
3 c. à soupe d'huile d'olive
250 ml (1 tasse) de bouillon de poulet
   fait à partir de cubes ou maison
5 c. à soupe de crème à fouetter ou
   de crème de soja
Sel et poivre

Enlever les croûtes de pain au couteau et couper la mie en cubes. Rincer et hacher le fenouil; mettre les frondes de côté. Peler et hacher l'oignon.

Faire chauffer l'huile d'olive dans une casserole. Ajouter le fenouil et l'oignon, et faire revenir pendant 3 minutes à feu moyen. Ajouter le pain et le bouillon. Faire cuire jusqu'à ce que le fenouil soit très tendre, de 15 à 20 minutes. Ajouter la crème et laisser cuire pendant 1 minute de plus.

Réduire en purée crémeuse au mélangeur ou au robot culinaire. Saler et poivrer, au goût.

Verser à la louche dans deux bols et parsemer le dessus de frondes de fenouil.

TRUC: Cette recette est délicieuse préparée avec du céleri ou du concombre au lieu du fenouil.

POUR QUATRE PERSONNES: doubler les quantités et servir en entrée.

Le pain complet

Le pain complet entre dans la composition de plusieurs recettes. Il aide, entre autres, à la digestion. Or, il ne convient pas nécessairement à tout le monde. Pour ceux qui souffrent de problèmes intestinaux ou d'estomac, il peut entraîner des crampes. Si c'est le cas, remplacez-le par du pain blanc. Si le pain blanc entraîne aussi des problèmes de digestion, éliminez-le de la plupart des recettes.

Bouillon de poulet et de tomates

Cette soupe peut être préparée avec des cubes de bouillon de poulet ou du bouillon fait maison. Cette dernière option prend plus de temps à faire, mais elle est préférable. L'odeur du bouillon de poulet frais risque cependant d'incommoder certains patients.

6 À 8 PETITES PORTIONS

1 petit oignon	Un brin de macis
2 carottes	Une feuille de laurier
2 branches de céleri	Un brin de thym frais
2 tomates mûres	Sel et poivre
1 cuisse de poulet ou 2 cubes de bouillon de poulet	

Peler et hacher l'oignon et les carottes. Rincer et hacher le céleri et les tomates.

Porter à ébullition 800 ml (3 ¼ tasses) d'eau avec la cuisse de poulet ou les cubes de poulet. Pendant la cuisson du poulet, écumer le bouillon. Si des cubes de bouillon sont utilisés, remuer jusqu'à ce qu'ils soient dissous.

Ajouter les légumes, les épices, les fines herbes et une pincée de sel et une pincée de poivre. Laisser mijoter à feu doux, pendant 30 minutes s'il s'agit de cubes, et pendant 2 heures s'il s'agit d'une cuisse de poulet.

Tamiser le bouillon, réserver les légumes et le poulet, saler et poivrer au goût.

Servir dans des petits bols. Quelques morceaux de légumes et de poulet cuits peuvent être ajoutés au bouillon, si le patient n'éprouve pas trop de difficulté à avaler.

Réfrigérer ou congeler le reste de la soupe.

POUR QUATRE PERSONNES: servir en entrée.

Crème d'aubergine et de tomate

En omettant le bouillon, cette recette peut devenir une délicieuse purée à savourer telle quelle ou sur une tranche de pain moelleux.

2 OU 3 PETITES PORTIONS

½ tranche de pain complet
¼ d'aubergine
1 petite tomate
2 oignons verts
1 gousse d'ail
3 c. à soupe d'huile d'olive

Une pincée de cumin moulu
200 ml (7 oz) de bouillon de
    légumes fait à partir de
    cubes ou maison
Sel et poivre

Enlever les croûtes de pain au couteau et couper la mie en cubes. Rincer et hacher l'aubergine, la tomate et les oignons verts. Peler et hacher l'ail.

Faire chauffer l'huile d'olive dans une casserole. Ajouter l'aubergine, la tomate, les oignons verts et l'ail. Faire revenir pendant 3 minutes à feu moyen. Ajouter la pincée de cumin moulu, le pain et le bouillon. Faire cuire jusqu'à ce que l'aubergine soit très tendre, de 10 à 15 minutes.

Réduire en purée très veloutée au mélangeur ou au robot culinaire. Rectifier l'assaisonnement.

Verser dans de petits bols.

TRUC: Si le patient en a envie, vous pouvez garnir la soupe d'une cuillerée à soupe d'oignon vert tout juste avant de la servir.

POUR QUATRE PERSONNES: multiplier les quantités par quatre et servir en entrée.

Soupe de légumes

Il est préférable de préparer de grandes quantités de cette soupe que vous garderez au réfrigérateur pendant quelques jours. Elle peut aussi être congelée en petites portions faciles à décongeler au besoin.

3 OU 4 PETITES PORTIONS

1 petite carotte	1 tomate
¼ de poireau	3 brins de persil frais
1 branche de céleri	1 cube de bouillon de
4 champignons blancs ou	légumes
shiitaké	Sel et poivre

Peler, rincer et couper très finement tous les légumes et fines herbes (facile au robot culinaire).

Porter à ébullition 400 ml (1 ¾ tasse) d'eau avec le cube de bouillon et tous les légumes. Laisser mijoter pendant 15 à 30 minutes selon le degré de tendreté désiré. Plus les légumes cuiront longtemps, plus ils seront tendres.

Saler et poivrer, au goût.

Servir dans des petits bols. Réfrigérer ou congeler le reste de la soupe.

TRUC: Cette soupe peut être réduite en purée et une variété d'herbes et d'épices peuvent y être ajoutées, au goût. Essayez du cari, du paprika, du thym, de la ciboulette ou de l'aneth.

POUR QUATRE PERSONNES: doubler les quantités et servir en entrée.

Soupe à la citrouille avec sauce soja

La citrouille est naturellement sucrée et, une fois cuite, sa texture très fine en fait une excellente base pour les soupes. Elle peut être remplacée par d'autres légumes mous comme aubergine, patate douce, courgette ou asperge.

2 PETITES PORTIONS

½ tranche de pain complet
Environ 150 g (5 oz) de citrouille
1 petit oignon
1 gousse d'ail
Un brin de persil ou de coriandre

3 c. à soupe d'huile d'olive
Une pincée de cari
250 ml (1 tasse) de bouillon de poulet fait à partir de cubes ou maison
Un trait de sauce soja

Enlever les croûtes de pain et couper la mie en cubes. Peler et hacher la citrouille, l'oignon et l'ail. Hacher le persil ou la coriandre.

Faire chauffer l'huile d'olive dans une casserole. Ajouter la citrouille, l'oignon et l'ail. Faire revenir pendant 3 minutes à feu moyen. Ajouter le cari, le pain et le bouillon. Faire cuire jusqu'à ce que la citrouille soit très tendre, de 10 à 15 minutes.

Réduire en purée très veloutée au mélangeur ou au robot culinaire. Ajouter la sauce soja, au goût.

Verser dans deux petits bols et garnir de persil ou de coriandre.

TRUC: La soupe peut être relevée avec du tabasco, et son degré d'acidité augmenté avec un peu de jus de citron ou de lime à la table, au goût de chacun.

POUR QUATRE PERSONNES: multiplier les quantités par quatre et servir en entrée.

Chai (thé indien au lait et aux épices)

Ce thé parfumé est habituellement servi chaud ou tiède. Il est tout aussi délicieux servi froid.

2 PETITES PORTIONS

200 ml (7 oz) de lait écrémé ou
   de soja
1 feuille de laurier
2 graines de cardamome
1 c. à soupe de feuilles de thé vert
Miel au goût

Porter le lait à ébullition avec 100 ml (3 ½ oz) d'eau, la feuille de laurier et les graines de cardamome. Laisser mijoter pendant 5 minutes.

Éteindre le feu. Ajouter les feuilles de thé et laisser infuser pendant 5 minutes.

Verser le thé à travers une passoire dans deux verres ou tasses. Ajouter du miel, au goût.

POUR QUATRE PERSONNES: multiplier les quantités par quatre.

Substances aromatisantes

L'usage de fines herbes et d'épices est délicat. Vous découvrirez par essais et erreurs quelles sont les quantités de sel, de poivre, d'herbes, d'épices et de miel que le patient préfère.
Il est beaucoup plus facile d'ajouter quelques aromates à table que de tenter d'adoucir un plat trop relevé.

Lait chaud à la graine d'anis

Le lait n'est pas toujours facile à boire, mais la sensation qu'il procure lorsqu'il est servi chaud est souvent agréable. Le lait de cette recette peut être remplacé par du thé.

2 PETITES PORTIONS

250 ml (1 tasse) de lait écrémé ou de soja
½ c. à thé (à café) de zeste d'orange râpé
2 c. à soupe de graines d'anis
½ à 1 c. à soupe de miel

Faire chauffer le lait pendant 10 minutes avec le zeste d'orange, les graines d'anis et le miel, au goût; ne pas le laisser bouillir. Bien mélanger.

Verser à travers une passoire dans deux tasses ou verres résistants à la chaleur.

TRUC: Seul le zeste d'orange est utilisé dans cette recette. Le reste de l'orange peut être conservé au réfrigérateur pendant environ une journée avant d'être utilisé.

POUR QUATRE PERSONNES: multiplier les quantités par trois.

> **Les aliments réduits en purée très onctueuse**
> Les mets peuvent être passés à travers un tamis pour que leur texture soit encore plus onctueuse.

Soupe au miel et à la poire

Les soupes sucrées aux fruits ont souvent besoin d'un peu d'acidité pour en équilibrer le goût. Les papilles gustatives changent tellement pendant un traitement que vous devrez peut-être ajuster les composantes aigres et douces de cette soupe.

2 PETITES PORTIONS

½ tranche de pain complet
1 poire mûre
1 petit citron
½ à 1 c. à soupe de miel
100 ml (3 ½ oz) de crème à fouetter ou de crème de soja

Enlever les croûtes de pain et couper la mie en cubes.

Peler, retirer le cœur et couper la poire en quartiers. Rincer et zester le citron. Extraire le jus d'une moitié du citron.

Porter à ébullition les ¾ du jus de citron avec le zeste, le pain, les quartiers de poire et le miel, au goût. Faire cuire pendant 10 minutes, en remuant régulièrement.

Réduire en purée onctueuse au mélangeur ou au robot culinaire. Ajouter la crème. Laisser cuire pendant 1 minute de plus. Ajouter davantage de jus de citron, au goût.

Verser dans deux petits bols.

TRUC: Au choix, la poire peut être remplacée par une pomme, une pêche ou une mangue.

POUR QUATRE PERSONNES: multiplier les quantités par trois et servir comme dessert.

Jus de pomme chaud à la cannelle

Il est préférable d'utiliser une centrifugeuse pour réaliser cette recette. Cet outil de cuisine permet de préparer des jus de fruits et de légumes frais en quelques minutes seulement.

2 PETITES PORTIONS

3 pommes sucrées et juteuses
1 c. à thé (à café) de miel
1 bâton de cannelle

Rincer les pommes. Les passer dans la centrifugeuse.

Porter le jus à ébullition avec le miel et le bâton de cannelle. Laisser mijoter pendant 5 minutes avant de retirer le bâton de cannelle. Bien remuer pendant 1 minute.

Verser le jus chaud dans deux tasses ou verres résistants à la chaleur.

TRUC: Si vous n'avez pas de centrifugeuse, utilisez du jus de pomme nature du commerce.

POUR QUATRE PERSONNES: multiplier les quantités par quatre.

Texture

croustillante

Paillassons de pommes de terre avec œufs en salade

Si vous jugez que le goût des oignons verts sera trop fort, remplacez-les par de la ciboulette fraîche. Ces paillassons accompagnent bien d'autres salades ou les poissons fumés, les crevettes ou les viandes tranchées.

2 PETITES PORTIONS

1 œuf	Une pincée de sel
2 petits oignons verts	Une pincée de poivre
3 brins de persil frais	1 petite pomme de terre
1 c. à soupe de mayonnaise	Un filet d'huile d'olive

Faire cuire l'œuf pendant 8 minutes dans de l'eau bouillante; le passer sous l'eau froide du robinet et le laisser refroidir.

Hacher les oignons verts et le persil. Écaler l'œuf. Le hacher et le mélanger aux ¾ des oignons verts, ¾ du persil, la mayonnaise, aux pincées de sel et de poivre.

Peler la pomme de terre et la râper du côté fin de la râpe; ne pas la rincer par la suite. Ajouter une pincée de sel et une pincée de poivre. Faire égoutter la pomme de terre à travers un tamis.

Faire chauffer un généreux filet d'huile d'olive dans une grande poêle. Déposer 6 petites cuillerées de pommes de terre râpées côte à côte dans la poêle. Les aplanir avec le dos de la cuiller et faire frire ces paillassons quelques minutes jusqu'à ce qu'ils soient dorés et cuits. Les mettre sur un papier absorbant pour absorber le gras.

Disposer les paillassons de pomme de terre dans deux petites assiettes. Répartir la salade aux œufs sur les paillassons et garnir du reste des oignons verts et du persil.

Truc: La moitié de la quantité de mayonnaise peut être remplacée par du yogourt au lait cru ou de la crème sure (aigre). Bien mélanger.

Pour quatre personnes: doubler les quantités et servir en entrée.

Bâtonnets de légumes avec trempette aux noix de Grenoble

Pour transformer cette trempette en vinaigrette, ajoutez-y un peu de jus de citron. Des pacanes, des noix de macadamia ou un mélange de noix peuvent remplacer les noix de Grenoble.

2 PETITES PORTIONS

6 demi-cerneaux de noix de Grenoble
1 c. à soupe de mayonnaise
1 c. à soupe de yogourt au lait cru ou au soja

Une pincée de sel
Une pincée de poivre
2 branches de céleri
⅛ de concombre
⅛ de poivron rouge

Hacher les noix finement. Ajouter la mayonnaise, le yogourt; saler et poivrer.

Rincer les légumes et épépiner le poivron. Couper les légumes en bâtonnets fins.

Mettre la trempette aux noix de Grenoble dans deux petits bols et les bâtonnets de légumes dans deux petits verres. Poser un bol et un verre de chacun dans deux petites assiettes.

POUR QUATRE PERSONNES: doubler les quantités et servir comme collation ou comme entrée.

Biscotte Melba avec saumon fumé et fenouil

Cette recette est réalisée avec du fenouil cru, délicieusement croquant. Si la déglutition est difficile, le fenouil peut être cuit au préalable pour l'attendrir. Vous pouvez aussi remplacer les biscottes Melba par du pain moelleux.

2 PETITES PORTIONS

¼ de bulbe de fenouil
1 c. à thé (à café) de jus de citron
½ c. à thé (à café) de miel
Une pincée de sel
Une pincée de poivre
2 c. à soupe d'huile de lin
2 petites tranches de saumon fumé
4 petites biscottes Melba (préférablement complètes)
1 c. à soupe de fromage à la crème léger

Couper le fenouil en tranches très minces. Réserver quelques frondes.

Mélanger le jus de citron et le miel dans un grand bol. Remuer jusqu'à ce que le miel soit dissous. Saler et poivrer; ajouter l'huile. Bien mélanger. Ajouter le fenouil et laisser reposer pendant au moins 15 minutes (préférablement quelques heures).

Couper les tranches de saumon en deux. Tartiner les biscottes Melba de fromage à la crème.

Servir dans deux petites assiettes. Couronner de saumon d'abord et ensuite de la salade de fenouil. Garnir de quelques frondes de fenouil.

TRUC: Vous pouvez remplacer les biscottes Melba par de minces tranches de pain complet grillées. Si les produits laitiers causent des problèmes, vous pouvez omettre le fromage à la crème.

POUR QUATRE PERSONNES: les quantités ci-dessus suffisent comme collation pour quatre personnes. Pour servir en entrée, doubler les quantités.

Les collations
En achetant des collations toutes prêtes, essayez de choisir des produits sans agents de conservation. Les gras hydrogénés sont à éviter, particulièrement dans les collations prêtes à manger. Vérifiez bien l'étiquette avant d'acheter. Quelques suggestions de collations prêtes à manger: pommes, müesli, radis et différentes noix, sauf les arachides.

Croustilles de maïs avec trempette à l'avocat

Cette trempette peut aussi servir de garniture pour des sandwichs ou comme tartinade. Elle est délicieuse aussi avec un peu de ciboulette ou de coriandre fraîche.

3 OU 4 PETITES PORTIONS

1 petit avocat mûr

1 c. à thé (à café) de jus de citron ou de lime

1 petite tomate

1 oignon vert

2 c. à soupe de crème sure (aigre) ou de yogourt au soja

Une pincée de sel

Une pincée de poudre de chili

100 g (3 ½ oz) de croustilles de maïs

Couper l'avocat en deux et en retirer le noyau. À l'aide d'une cuiller, retirer la chair de l'avocat, la mettre dans un bol et l'écraser légèrement avec une fourchette. Ajouter le jus.

Couper la tomate en petits morceaux et l'oignon vert en petites rondelles minces. Ajouter à l'avocat. Incorporer la crème sure. Saler et ajouter la poudre de chili.

Remplir trois ou quatre petits bols, les disposer dans de petites assiettes et garnir de croustilles de maïs.

TRUC: La tomate peut être pelée au préalable. La blanchir dans de l'eau bouillante pendant 15 secondes, la passer sous l'eau froide et la peler.

POUR QUATRE PERSONNES: les quantités ci-dessus suffisent comme collation pour quatre personnes. Pour servir en entrée, doubler les quantités.

Salade César

Le pain complet étant bon pour le système digestif, utilisez-le pour faire les croûtons. Or, si le patient préfère vraiment le pain blanc, il convient tout autant. Le parmesan est râpé, mais pourrait être coupé en fines lamelles.

3 OU 4 PETITES PORTIONS

1 tranche de pain complet
4 c. à soupe d'huile d'olive
1 petit citron
2 brins de persil frais
3 filets d'anchois
1 c. à soupe de mayonnaise

1 c. à soupe de yogourt au lait cru ou au soja
2 c. à soupe de parmesan râpé
Une pincée de poivre
8 à 10 petites feuilles de iceberg ou de romaine

Enlever les croûtes de pain et couper la mie en cubes. Faire chauffer l'huile dans une poêle et faire frire les cubes de pain jusqu'à ce qu'ils soient croustillants. Les déposer sur du papier absorbant.

Rincer et zester le citron. Couper le citron en deux et en extraire le jus. Hacher le persil très finement. Couper 1 anchois en longues lanières.

Piler 2 anchois au mortier (ou dans une assiette avec une fourchette). Ajouter 1 c. à thé (à café) du zeste de citron, la moitié du persil, la mayonnaise, le yogourt, la moitié du fromage et une pincée de poivre. Ajouter le jus de citron au goût, environ ½ à 1 c. à thé (à café).

Rincer et assécher les feuilles de laitue. Les répartir dans deux petites assiettes et les arroser de la vinaigrette. Disposer les lanières d'anchois sur les feuilles de laitue et ajouter ensuite les croûtons, le reste du fromage et du persil.

TRUC: Pour un peu de piquant, ajouter un trait de sauce épicée comme du tabasco.

POUR QUATRE PERSONNES: 2 tranches de pain à faire frire dans 6 c. à soupe d'huile. Multiplier les quantités pour la vinaigrette par quatre et utiliser une laitue entière.

Meringues aux bleuets (myrtilles) et à la crème glacée

Les meringues sont très sucrées et accompagnent merveilleusement bien les fruits frais. Vous pouvez acheter des nids en meringue ou en préparer vous-même (voir truc ci-dessous).

2 PETITES PORTIONS

2 petits nids en meringue
50 g (2 oz) de bleuets (myrtilles)
2 boules de crème glacée
1 c. à soupe de sirop de bleuets
(myrtilles) ou de mûres

Disposer les nids en meringue dans deux petites assiettes. Les remplir de quelques bleuets et de crème glacée.

Garnir la crème glacée du reste des bleuets et du sirop.

TRUC: Pour préparer vous-même des meringues: préchauffer le four à 110 °C/225 °F/ gaz ½. Battre en neige 1 blanc d'œuf avec 2 c. à soupe de sucre et une pincée de sel jusqu'à la formation de pics fermes. Déposer 4 généreuses cuillerées du mélange sur une plaque à biscuits tapissée de papier sulfurisé. Avec le dos de la cuiller, creuser le centre de chaque monticule pour former des «nids». Mettre au four et laisser sécher pendant 2 à 3 heures.

POUR QUATRE PERSONNES: doubler les quantités et servir comme dessert.

Rien ne goûte comme avant
Il est très difficile d'accepter le fait que vos goûts peuvent être complètement différents, pendant un traitement, de ceux auxquels vous étiez habitué. Il n'y a pas grand-chose à faire, sauf d'essayer d'identifier quels sont ceux qui vous conviennent le mieux.

Granité de thé vert au miel

Préparer un granité est très facile, mais nécessite un peu de temps car vous devez remuer le liquide pendant le processus de congélation (pour éviter que le liquide se transforme en un immense glaçon). Vous pouvez remplacer le thé par toutes sortes de jus, et d'autres liquides sucrés comme du café ou du lait au chocolat peuvent aussi être utilisés.

2 PETITES PORTIONS

1 c. à soupe de feuilles de thé vert
½ à 1 c. à soupe de miel

Mettre les feuilles de thé dans une théière et y verser 250 ml (1 tasse) d'eau bouillante. Incorporer le miel en remuant pour le dissoudre. Laisser tiédir.

Verser le thé dans un contenant de plastique et mettre au congélateur pendant 3 à 4 heures, en remuant le liquide toutes les 15 minutes.

Verser dans deux verres et servir immédiatement, ou fermer le contenant hermétiquement et garder au congélateur.

Pour quatre personnes: multiplier les quantités par trois et servir comme dessert ou comme boisson fraîche.

Carpaccio de fraises

Vous pouvez utiliser n'importe quel fruit frais pouvant être tranché, comme le melon, les pêches, les poires ou la mangue.

2 PETITES PORTIONS

½ c. à soupe de noix mélangées
½ c. à soupe de graines mélangées
   (p. ex., tournesol, lin, sésame,
   citrouille)
2 petites meringues
10 fraises mûres
2 c. à thé (à café) de sirop de fraises
6 petites feuilles de menthe fraîche

Hacher grossièrement les noix et les faire dorer, avec les graines, pendant quelques minutes dans une poêle. Les glisser dans une assiette; laisser tiédir.

Émietter les meringues.

Rincer, équeuter et couper les fraises en tranches minces. Faire chevaucher les tranches, sur deux petites assiettes. Arroser de sirop et réfrigérer au plus une demi-journée.

Tout juste avant de servir, parsemer les fraises de noix, de graines, de miettes de meringue et de feuilles de menthe.

TRUCS: Les meringues peuvent être achetées ou faites maison. Voir la recette à la page 130.

POUR QUATRE PERSONNES: multiplier les quantités par trois et servir comme dessert.

Tartelettes à la tartinade au citron

La confiture ou la marmelade préférée du patient peut servir de garniture à ces tartelettes. Les abaisses de tartelette peuvent être cuites à l'avance et remplies par la suite de fruits frais et de crème fouettée, au goût.

4 PETITES ABAISSES DE TARTE

5 c. à soupe de farine
Une pincée de sel
2 c. à soupe de sucre
Environ 2 c. à soupe de beurre très froid
3 c. à soupe de tartinade au citron

Préchauffer le four à 180 °C/350 °F/gaz 4.

Mettre la farine et le sel dans un bol. Ajouter le sucre et incorporer le beurre en sablant avec le sucre. Cette étape peut être réalisée au robot culinaire. Ajouter 1 c. à thé (à café) d'eau. Pétrir légèrement, couvrir et réfrigérer pendant 20 minutes.

Diviser la pâte en quatre petites boules et, à l'aide d'un rouleau à pâtisserie, abaisser chacune des boules sur une planche enfarinée jusqu'à ce qu'elles fassent environ 8 cm de diamètre. Tapisser quatre petits moules à tarte graissés de ces rondelles. En piquer le fond à l'aide d'une fourchette. Les remplir de tartinade au citron. Faire cuire pendant 15 à 20 minutes. Laisser tiédir.

Servir dans leur moule.

TRUC: La tartinade au citron peut être faite maison. Mélanger le zeste d'un citron à 100 g (3 ½ oz) de miel et 100 g (1/2 tasse) de beurre dans un bain-marie. Laisser fondre le beurre et le miel se dissoudre. Ajouter graduellement le jus d'un citron. Battre 2 œufs et les incorporer lentement au mélange. Remuer jusqu'à ce que la tartinade ait bien épaissi. Cela peut prendre du temps.

POUR QUATRE PERSONNES: doubler les quantités et servir avec un café ou un thé, ou comme dessert accompagné de crème glacée.

Prendre son mal en patience
Manger est une activité liée aux émotions, surtout lorsqu'elle nécessite un effort exceptionnel. Ne vous laissez pas bouleverser par le fait que le goût des aliments que vous aimiez n'est plus le même. Selon le type de cancer, les papilles gustatives et le plaisir de manger reviennent à la normale lorsque la chimiothérapie est terminée.

Tempura de légumes avec trempette au soja

Vous pouvez préparer un excellent tempura avec de grosses crevettes, du poisson, des viandes tendres et du poulet. Trempez-les dans une pâte à frire et faites-les dorer. Utilisez de l'huile d'olive extra-vierge pour la friture et évitez de la faire surchauffer.

2 OU 3 PETITES PORTIONS

6 petits champignons shiitaké
2 carottes
2 petits bouquets de brocoli
⅛ de poivron rouge
50 g (½ tasse) de farine complète
1 œuf
Une pincée de sel
2 c. à soupe d'amandes broyées
Huile d'olive
4 c. à soupe de sauce soja japonaise

Essuyer les champignons, peler les carottes et rincer les autres légumes. Couper les carottes en longs bâtonnets, les brocolis en deux, le poivron rouge en deux ou trois morceaux et l'épépiner.

Mélanger légèrement la farine avec l'œuf, 75 ml (3 oz) d'eau froide, une pincée de sel et les amandes (une petite quantité de farine sera encore apparente).

Faire chauffer environ 4 cm (1 ¾ po) d'huile d'olive à 160 °C/325 °F. Testez-en la température à l'aide d'un thermomètre ou en faisant frire un morceau de pain: si l'huile a atteint la bonne température, il sera doré en 1 minute environ.

Faites frire les aliments en deux ou trois portions à la fois. Tremper les champignons et les légumes un à un dans la pâte et les déposer dans l'huile immédiatement. Les faire frire pendant 3 à 4 minutes jusqu'à ce qu'ils soient bien dorés. Les égoutter sur du papier absorbant.

Servir dans de petites assiettes, accompagnés de sauce soja.

TRUC: La pâte à frire peut aussi être préparée à partir d'œufs battus et de chapelure complète au lieu de farine.

POUR QUATRE PERSONNES: multiplier les quantités par quatre et servir en entrée ou comme plat d'accompagnement d'un poisson ou de poulet grillés.

Sandwich grillé au fromage et à la tomate

Les sandwichs au fromage peuvent être préparés avec n'importe quel fromage qui fond facilement et toutes sortes d'ingrédients savoureux, comme des légumes grillés, des noix hachées et des charcuteries sans agent de conservation, comme du jambon frais ou du poulet fumé.

2 PETITES PORTIONS

2 petites tomates
Un petit brin de persil frais
2 tranches de pain complet
1 c. à soupe de fromage à la crème léger
1 fine tranche de cheddar, assez grande pour couvrir la tranche de pain
½ c. à soupe d'huile d'olive

Rincer et couper les tomates en deux. Enlever les pépins à l'aide d'une cuiller et couper les tomates en petites lanières. Hacher le persil finement.

Enlever les croûtes de pain à l'aide d'un couteau. Tartiner les deux tranches de fromage à la crème. Répartir les lanières de tomates et le persil sur les deux tranches de pain. Couvrir avec la tranche de cheddar. Poser l'autre tranche de pain (fromage à la crème vers le bas) sur le dessus. Appuyer légèrement sur le sandwich et badigeonner d'un peu d'huile d'olive.

Faire chauffer une grande poêle, y déposer le sandwich, le côté huilé vers le bas, et laisser bien dorer. Badigeonner le dessus du sandwich d'un peu d'huile, le retourner et faire griller l'autre côté. Couper le sandwich en bâtonnets et les mettre dans deux petites assiettes.

TRUC: Le pain complet est recommandé, mais s'il cause des problèmes de digestion, il peut être remplacé par du pain blanc. Le fromage à la crème peut aussi être omis.

POUR QUATRE PERSONNES: multiplier les quantités par quatre et servir comme repas léger.

Huile d'olive douce
Pendant le traitement, il est préférable d'éviter les goûts très prononcés; optez plutôt pour une huile d'olive à saveur douce.

Escalopes de veau en croûte de flocons de maïs

Pour leur donner un peu plus de croustillant, ces escalopes sont enrobées de flocons de maïs. La chapelure japonaise Panko donne aussi d'excellents résultats. Si une texture plus tendre est souhaitée, utilisez une chapelure fraîche complète à la place. Utilisez de l'huile d'olive extra-vierge pour la cuisson à grande friture des croustilles et évitez de la faire surchauffer.

2 PETITES PORTIONS

6 c. à soupe de flocons de maïs
    biologiques
1 petite escalope de veau, très mince
Huile d'olive
Une pincée de sel
Une pincée de poivre
½ œuf, battu
½ c. à thé (à café) de paprika
1 c. à thé (à café) de miel
½ c. à soupe de vinaigre balsamique
100 g (3 ½ oz) de frites surgelées
3 c. à soupe de mesclun

Écraser finement les flocons de maïs.

Couper l'escalope en six morceaux. Les couvrir de papier d'aluminium enduite d'un peu d'huile d'olive. Les aplanir en les frappant avec un rouleau à pâtisserie. Les assaisonner avec le sel, le poivre et le paprika.

Tremper le veau dans l'œuf et enrober chaque côté de miettes de flocons de maïs. Réfrigérer pendant au moins 5 minutes.

Préparer une vinaigrette en mélangeant le miel, le vinaigre et 2 c. à soupe d'huile d'olive.

Faire chauffer environ 10 cm (4 po) d'huile d'olive dans une petite poêle profonde, jusqu'à une température de 180 ºC/350 ºF. Faire dorer les frites. Les laisser égoutter sur du papier absorbant. Saler légèrement.

Entre-temps, faire chauffer un filet d'huile d'olive et faire dorer les escalopes pendant quelques minutes de chaque côté.

Verser la vinaigrette sur le mesclun et mélanger. Répartir le mesclun, la viande et les frites dans deux petites assiettes.

TRUC: Comme alternative végétarienne aux escalopes, essayez des tranches d'aubergine. Saler et poivrer l'aubergine, l'enrober de flocons de maïs et faire frire de la même façon que les escalopes.

POUR QUATRE PERSONNES: 100 g (3 ½ oz) de flocons de maïs, 4 escalopes de veau, 1 à 2 œufs, 2 c. à thé (à café) de paprika, 2 c. à thé (à café) de miel, 2 c. à soupe de vinaigre balsamique, 8 c. à soupe d'huile d'olive pour la vinaigrette, 1 kg (2 lb) de frites surgelées et une bonne quantité d'huile dans laquelle les faire frire, 225 g (½ lb) de mesclun.

Pizza au pain au fromage et à la tomate

À la place de tranches de pain, vous pouvez utiliser une petite quantité de pâte à pizza. Abaisser la pâte jusqu'à ce qu'elle soit très mince, la garnir du mélange de sauce et fromage et faire cuire dans un four très chaud, pas dans une poêle.

2 PETITES PORTIONS

2 grandes tranches de pain complet
2 petits oignons verts
2 tomates cerises
1 tranche épaisse de mozzarella

½ c. à thé (à café) de fines herbes italiennes séchées
2 c. à soupe d'huile d'olive
4 c. à soupe de ketchup, ou de sauce tomate pour pâtes ou de coulis de tomates

À l'aide d'un emporte-pièce ou d'une tasse, découper des rondelles dans les tranches de pain.

Rincer et hacher finement les oignons verts. Rincer et couper les tomates cerises en six quartiers, la mozzarella en cubes. Mélanger la mozzarella avec les oignons verts, les tomates et les herbes.

Faire chauffer l'huile dans une grande poêle à frire. Faire dorer à feu doux un côté des rondelles de pain. Les tourner et les tartiner de sauce tomate. Garnir du mélange de mozzarella. Couvrir la casserole à demi. Faire frire jusqu'à ce que l'autre côté des rondelles soit doré et que la mozzarella soit fondue.

Servir dans deux petites assiettes.

TRUC: La mozzarella peut être remplacée par du brie, du camembert ou du bleu.

POUR QUATRE PERSONNES: multiplier les quantités par quatre et servir en entrée.

Rouleaux printaniers au poulet et au gingembre

Ces rouleaux peuvent être préparés d'avance. Crus, ils se conserveront au réfrigérateur pendant 2 jours et davantage au congélateur. Les servir accompagnés d'une sauce aigre-douce.

2 PETITES PORTIONS

Un morceau de poireau
   d'environ 10 cm (4 po)
2 petites carottes
Environ 2 c. à thé (à café) de
   gingembre frais
Environ 25 g (1 oz) de poulet
   fumé ou cuit

1 gousse d'ail
1 à 2 c. à soupe d'huile d'olive
½ c. à soupe de sauce soja
   sucrée et épaisse
1 c. à thé (à café) de jus de
   citron
2 minces carrés de pâte à
   rouleaux de printemps
   (environ 18 cm/7 po)

Préchauffer le four à 220 °C/425 °F/gaz 7.

Rincer le poireau. Peler les carottes et le gingembre. Couper le poireau, les carottes, le gingembre et le poulet en longues lanières minces. Peler et hacher l'ail.

Faire chauffer 1 c. à soupe d'huile d'olive et faire revenir les légumes et le gingembre pendant 4 minutes à feu moyen. Ajouter le poulet, la sauce soya et le jus du citron; faire revenir pendant 1 minute de plus.

Étaler deux carrés de pâte à rouleaux de printemps sur la surface de travail et les badigeonner d'huile d'olive.

Diviser le mélange de légumes en deux portions, les disposant dans la partie inférieure de chaque carré, en laissant 3 cm (1 ¼ po) de chaque côté. Ramener les côtés des carrés sur les légumes et rouler bien serré du bas de la feuille vers le haut.

Badigeonner avec un peu d'huile et les disposer sur une petite plaque à biscuits. Faire cuire au four pendant 10 à 15 minutes jusqu'à ce qu'ils soient croustillants et dorés.

Servir dans deux petites assiettes.

POUR QUATRE PERSONNES: multiplier les quantités par quatre et servir en entrée.

Croustade aux cerises

Les croustades sont faciles à faire, même en petites quantités. N'importe quel type de fruit ou de compote de fruits convient.

2 OU 3 PETITES PORTIONS

2 c. à soupe de farine complète
Une pincée de sel
1 c. à soupe de beurre froid
1 ½ c. à soupe de sucre à glacer
Une pincée de cannelle
100 g (3 ½ oz) de cerises (fraîches, surgelées ou en pot)
2 c. à soupe de confiture de cerises, de préférence pur fruit, non sucrée

Préchauffer le four à 200 °C/400 °F/gaz 6.

Mettre la farine et la pincée de sel dans un bol. Incorporer le beurre jusqu'à ce que le mélange ressemble à de la chapelure. Cette étape peut être faite au robot culinaire. Incorporer le sucre à glacer et la cannelle; bien mélanger. Conserver au réfrigérateur jusqu'au moment d'être utilisé.

Enlever les noyaux des cerises, s'il y en a. Mélanger les cerises et la confiture.

Répartir le mélange de cerises dans deux ou trois ramequins graissés ou autres plats individuels allant au four. Garnir du mélange à croustade.

Faire cuire au four pendant 20 minutes jusqu'à ce que la croustade soit dorée et croustillante. Servir chaude.

TRUC: La servir garnie de crème fouettée ou de crème glacée.

POUR QUATRE PERSONNES: multiplier les quantités par quatre et servir comme dessert.

Sucré ou salé, c'est selon

Certains préfèrent nettement les plats sucrés ou salés. Pendant le traitement, un menu qui passe d'aliments salés à sucrés ne s'applique plus. Les plats sucrés du présent ouvrage ne sont donc pas destinés à être des desserts, mais plutôt une alternative à des plats salés. Deux plats comportent tout simplement trop de nourriture à consommer en un seul repas.

Pouding au pain et aux noisettes

Vous pouvez utiliser n'importe quel type de pain, ou même du gâteau. Même le pain légèrement rassis fait l'affaire. Une huile d'olive douce peut très bien remplacer le beurre pour tartiner le pain.

2 PETITES PORTIONS

1 c. à soupe de raisins secs	1 œuf
1 c. à soupe de noisettes non salées, grillées	½ à 1 c. à soupe de miel
1 ½ tranche de pain complet	4 c. à soupe de crème à fouetter ou de crème de soja
1 c. à soupe de beurre mou	½ c. à soupe de sucre

Faire tremper les raisins secs pendant 15 minutes dans de l'eau tiède; les égoutter et les laisser sécher.

Préchauffer le four à 180 °C/350 °F/gaz 4.

Hacher les noisettes grossièrement et les combiner aux raisins secs. Enlever les croûtes du pain et couper chaque demi-tranche en deux, en diagonale, de façon à obtenir six triangles. Beurrer les deux côtés.

Bien battre l'œuf avec le miel et la crème.

Disposer un triangle de pain en angle dans le fond de chaque plat, couronner du ¼ du mélange de raisins secs et de noisettes, puis d'un triangle. Ajouter un autre ¼ du mélange de raisins secs et de noisettes, et terminer avec un triangle de pain. Verser le mélange d'œuf et laisser tremper pendant 3 minutes.

Saupoudrer de sucre et faire cuire au four pendant environ 20 minutes jusqu'à ce que le dessus soit doré et croustillant. Servir tiède.

Truc: Le pouding au pain peut être servi tel quel ou garni de crème fouettée ou de crème anglaise.

Pour quatre personnes: multiplier les quantités par trois et servir comme dessert.

Sandwich grillé aux pommes

Ce type de sandwich peut être grillé à l'aide d'une plaque à poser directement sur un rond de la cuisinière.

2 PETITES PORTIONS

½ pomme
4 tranches de pain complet
½ c. à soupe de beurre mou
1 c. à thé (à café) de miel
½ c. à thé (à café) de cannelle

Peler la moitié de pomme, en retirer le cœur et la trancher finement.

À l'aide d'un emporte-pièce ou d'un bol, découper une grande rondelle dans chaque tranche de pain et beurrer légèrement. Déposer des tranches de pomme sur deux rondelles de pain, arroser de miel et saupoudrer de cannelle. Poser les autres rondelles de pain sur les pommes (le côté beurré vers le bas). Appuyer un peu. Beurrer légèrement le dessus du pain.

Faire chauffer une poêle. Y déposer le sandwich, le côté beurré vers le bas, et faire dorer. Beurrer le dessus et retourner pour faire dorer l'autre côté.

Couper les sandwichs en deux et servir dans deux petites assiettes.

TRUC: La pomme peut être remplacée par des tranches de banane. Dans ce cas, omettez le beurre.

POUR QUATRE PERSONNES: multiplier les quantités par quatre et servir comme collation.

Crème brûlée à l'orange

Servez la crème brûlée lorsque le caramel sur le dessus est bien croquant. Ce dessert peut être préparé une journée à l'avance, le sucre pouvant être caramélisé sous le gril quelques minutes avant de servir. Étant donné que le sucre n'est pas vraiment recommandé, n'offrez ce dessert qu'à l'occasion. Vous pouvez aussi passer la crème sous le gril, sans le sucre. Le dessus sera bien doré, mais ne sera pas croquant.

2 OU 3 PETITES PORTIONS

1 petite orange
8 c. à soupe de crème à fouetter ou
   de crème de soja
1 jaune d'œuf
2 c. à thé (à café) de poudre
   pour flan
2 c. à soupe de miel
Environ 2 c. à soupe de sucre

Rincer l'orange et en zester la moitié au-dessus d'une petite casserole. Couper l'orange en deux et en extraire le jus. Verser le jus dans la casserole. Amener à ébullition et laisser réduire le jus jusqu'à ce qu'il n'en reste que 2 c. à soupe. Ajouter la crème et porter à ébullition.

Battre le jaune d'œuf avec la poudre pour flan et le miel pendant environ 5 minutes jusqu'à l'obtention d'une crème légère et crémeuse.

Ajouter la crème à l'orange chaude en un filet mince, en remuant continuellement. Verser le mélange dans la casserole et laisser mijoter pendant quelques minutes à feu très doux. Remuer continuellement.

Remplir de cette crème deux ou trois petits plats allant au four. Les laisser tiédir avant de les réfrigérer jusqu'au moment de servir ou de les passer sous le gril.

Préchauffer le gril ou le four à la température la plus élevée.

Saupoudrer le sucre sur la crème. Placer les plats sous le gril ou dans le four et laisser le sucre se caraméliser et dorer.

TRUC: Si le diamètre des plats allant au four est très grand, utilisez un peu plus de sucre pour obtenir une couche croquante bien égale.

POUR QUATRE PERSONNES: multiplier les quantités par quatre et servir comme dessert.

Trop âpre
Les aliments habituellement délicieux perdent parfois de leur attrait pour les personnes qui subissent des traitements. Par exemple: le jus d'orange pur risque d'être trop acide et de goûter trop fort. La cuisson fait disparaître cette âpreté. Ou encore, mélangez-le à du miel ou une banane pour en adoucir le goût.

Texture
ferme

Sandwich au poulet en crème

Vous pouvez faire chauffer le pain avant de préparer le sandwich. Il suffit de le mettre dans un four chaud pendant quelques minutes.

2 PETITES PORTIONS

Environ 25 g (1 oz) de poulet cuit
1 petit cornichon sucré
1 c. à soupe de mayonnaise
Une pincée de sel
Une pincée de poivre
1 petit pain croûté
4 petites feuilles de laitue
1 c. à soupe de purée de canneberges (airelles)

Mixer le poulet, le cornichon et 2 c. à soupe du liquide des cornichons jusqu'à l'obtention d'une crème veloutée, à l'aide du mélangeur ou du robot culinaire. Ajouter la mayonnaise; saler et poivrer au goût.

Trancher le pain en quatre tranches diagonales. Étaler un quart du poulet en crème sur chaque tranche de pain. Rincer et assécher les feuilles de laitue, et en garnir le pain. Couronner chaque feuille de purée de canneberges.

Servir dans deux petites assiettes.

POUR QUATRE PERSONNES: pour la crème, multiplier les quantités par quatre, utiliser 4 petits pains croûtés, 16 feuilles de laitue, 2 à 3 c. à soupe de purée de canneberges. Servir comme repas léger.

Pain de seigle avec fromage cottage (blanc) et raisin

Le pain de seigle a une texture brute très appétissante. Il peut ne pas être apprécié par les gens qui ont de la difficulté à avaler. Dans ce cas, remplacez-le par du pain mou, de préférence complet.

2 PETITES PORTIONS

Un brin de persil frais
Un brin de menthe fraîche
1 petite grappe de raisin sans pépins
2 tranches de pain de seigle noir

6 c. à soupe de fromage cottage (blanc)
Une pincée de sel
Une pincée de poivre
Une pincée de paprika

Retirer les feuilles des tiges de fines herbes. Réserver quelques feuilles de chaque herbe et hacher le reste. Rincer les raisins et les couper en deux.

Placer les tranches de pain de seigle dans deux petites assiettes. Garnir de fromage cottage.

Répartir les raisins sur les deux tranches de pain garnies de fromage. Les assaisonner avec le sel, le poivre, le paprika et les herbes. Décorer le dessus avec les feuilles mises de côté.

TRUC: Des fraises ou des tranches de pomme peuvent remplacer les raisins.

POUR QUATRE PERSONNES: doubler les quantités et servir comme collation.

Salade de légumes grillés et de mozzarella

Le goût douceâtre et légèrement sucré du vinaigre balsamique devrait plaire aux patients. Or, certaines personnes le trouveront peut-être trop acide. Dans ce cas, mélangez-le à du miel.

2 PETITES PORTIONS

Un brin de basilic frais
⅛ de poivron jaune
¼ de courgette
¼ d'un bulbe de fenouil
3 tomates cerises
½ c. à soupe d'huile d'olive
Une pincée de sel
Une pincée de poivre
½ c. à soupe de vinaigre
  balsamique
½ boule de mozzarella ou
  3 mini-boules
6 petites feuilles de laitue

Retirer les feuilles de la tige de basilic; réserver pour décorer. Hacher finement la tige.

Rincer les légumes. Couper le poivron en deux et l'épépiner. Trancher la courgette et le fenouil. Couper en deux les tomates cerises. Badigeonner chacun des légumes d'un peu d'huile d'olive; les griller pendant quelques minutes de chaque côté.

Arroser les légumes tièdes d'une demi-cuillerée à soupe d'huile d'olive, des pincées de sel et de poivre, de la tige de basilic et de ¼ de cuillerée à soupe de vinaigre balsamique. Réserver et laisser tiédir.

Couper la mozzarella en quartiers. Rincer et assécher les feuilles de laitue; les disposer dans deux assiettes. Garnir la laitue des légumes grillés, des quartiers de mozzarella et des feuilles de basilic.

TRUC: La mozzarella peut être remplacée par un fromage plus goûteux, comme du gorgonzola.

POUR QUATRE PERSONNES: multiplier les quantités par quatre et servir en entrée.

Portions plus généreuses
Pour la plupart des patients, les petites portions sont préférables pendant un traitement. Or, si le patient en redemande, vous pouvez facilement préparer des portions plus copieuses.

Quiche aux pommes, au céleri et aux noix du Brésil

Un plat excellent à avoir sous la main. Bien emballée et réfrigérée, cette quiche se conserve environ 3 jours. Elle peut aussi être servie tiède et être réalisée sans fromage.

2 PETITES PORTIONS

2 œufs
4 c. à soupe de farine
Une pincée de sel
2 c. à soupe de beurre froid
1 petite branche de céleri
1 oignon vert

2 noix du Brésil
1 petite tranche de bacon mince
1 c. à soupe d'huile d'olive
Une pincée de poivre
2 c. à soupe de cheddar râpé

Séparer le jaune du blanc d'œuf. Battre le jaune.

Mettre la farine et le sel dans un bol et incorporer le beurre pour obtenir une chapelure fine. Cela peut être fait au robot culinaire. En remuant, ajouter 1 c. à soupe du jaune d'œuf battu et 1 c. à thé (à café) d'eau froide. Pétrir légèrement, couvrir et réfrigérer pendant 20 minutes.

Préchauffer le four à 180 °C/350 °F/gaz 4.

Rincer et hacher le céleri et l'oignon vert. Hacher les noix du Brésil. Couper le bacon finement. Faire revenir le bacon avec le céleri dans l'huile pendant 5 minutes. Ajouter l'oignon vert et faire revenir pendant 2 minutes. Incorporer les noix.

Ajouter le blanc d'œuf et l'autre œuf au reste du jaune d'œuf battu. Bien fouetter et assaisonner.

Diviser la pâte en deux petites boules et les abaisser sur la surface de travail enfarinée pour obtenir des rondelles de 10 cm (4 po). Tapisser de pâte deux petits plats allant au four. Piquer la pâte avec une fourchette. Remplir les plats du mélange de céleri, garnir de fromage et y verser les œufs.

Faire cuire au four pendant 20 à 25 minutes. Réserver et laisser tiédir.

Truc: Les noix du Brésil contiennent de la vitamine E et augmentent les effets du sélénium (un antioxydant).

Pour quatre personnes: doubler les quantités et servir en entrée.

Crevettes aigres-douces

Ces crevettes sont délicieuses servies avec quelques morceaux d'ananas ou de mangue. Incorporez-les aux oignons verts.

2 PETITES PORTIONS

10 c. à soupe de riz complet à cuisson rapide
2 petits bouquets de brocoli
2 oignons verts
1 gousse d'ail

2 crevettes géantes, crues
1 c. à soupe d'huile d'olive
1 à 2 c. à thé (à café) de jus de lime
4 c. à soupe de ketchup
1 c. à thé (à café) de sauce soja sucrée et épaisse

Faire cuire le riz dans de l'eau bouillante selon le mode d'emploi sur l'emballage. Égoutter.

Rincer et couper le brocoli en très petits bouquets, trancher les oignons verts. Peler et hacher l'ail.

Décortiquer les crevettes, mais laisser la queue. Les couper sur la longueur vers la queue, sans traverser entièrement, et déveiner.

Faire chauffer l'huile dans un wok ou une poêle, et faire sauter le brocoli pendant 3 minutes. Ajouter les crevettes et faire sauter pendant 3 minutes de plus. Ajouter les oignons verts et l'ail et, après 1 minute, incorporer le jus de lime, au goût, le ketchup et la sauce soja.

Répartir le riz et les crevettes dans deux petites assiettes. Servir froid ou tiède.

TRUC: Vous pouvez aussi ajouter de la sauce piquante comme du tabasco pour relever.

POUR QUATRE PERSONNES: 350 g (12 oz) de riz complet à cuisson rapide, 600 g (1 ¼ lb) de brocoli, une grosse botte d'oignons verts, 3 gousses d'ail, 500 g (1 lb) de crevettes crues, un trait d'huile d'olive, le jus d'une petite lime, 150 ml (5 oz) de ketchup, 1 à 2 c. à soupe de sauce soja sucrée et épaisse. Servir comme plat principal.

Tartes aux pommes individuelles

La pomme est un fruit très apprécié et facile à se procurer. Elle fait aussi bon ménage avec d'autres ingrédients comme les noix, les raisins secs et les raisins de Corinthe, qui peuvent être ajoutés, au goût.

2 PETITES TARTES

5 c. à soupe de farine complète
Une pincée de sel
2 c. à soupe de sucre
2 ½ c. à soupe de beurre très froid
1 petit citron
1 petite pomme ou ½ pomme de taille moyenne
1 c. à thé (à café) de miel
½ c. à thé (à café) de cannelle
1 c. à soupe de lait écrémé ou de soja

Mettre la farine et le sel dans un bol et incorporer le beurre jusqu'à ce que le mélange ressemble à une chapelure fine. Cette étape peut être faite au robot culinaire. Ajouter 1 c. à thé (à café) d'eau. Pétrir légèrement, couvrir et réfrigérer pendant 20 minutes.

Préchauffer le four à 180 °C/350 °F/gaz 4.

Rincer le citron et en zester le quart. Extraire le jus du citron. Peler la (demi-) pomme et en retirer le cœur; la couper en quartiers puis en tranches. Mélanger la pomme au zeste de citron, à 2 c. à thé (à café) de jus de citron, au miel et à la cannelle.

Diviser la pâte en quatre petites boules et, à l'aide d'un rouleau à pâtisserie, abaisser chacune d'elles sur une planche enfarinée jusqu'à ce qu'elles fassent environ 8 cm de diamètre. Tapisser deux petits moules à tarte d'une rondelle de pâte. Piquer la pâte avec une fourchette et remplir les moules de tranches de pomme.

Couvrir la garniture de pomme avec les rondelles de pâte restantes et pincer le bord des deux abaisses avec le pouce et l'index. Percer un trou au centre des abaisses du dessus.

Faire cuire au four pendant 20 à 25 minutes. Badigeonner le dessus d'un peu de lait et laisser cuire quelques minutes de plus. Réserver et laisser tiédir.

Truc: Badigeonner le dessus des tartes aux pommes avec quelques gouttes de lait donne un beau lustre à la pâte. Vous pouvez aussi utiliser un œuf battu; badigeonnez-le avant de mettre au four.

Pour quatre personnes: doubler les quantités et servir comme collation accompagnée d'un café ou d'un thé, ou de crème glacée, comme dessert.

Les collations
Au nombre des collations fermes prêtes à manger: quiches, mini-pizzas, poires et ananas. Évitez autant que possible les gras trans et les gras hydrogénés. Lisez toujours les étiquettes.

Roulé au yogourt aux abricots et aux pignons

Les abricots frais sont excellents mais parfois difficiles à obtenir; on utilise donc ici des abricots séchés. Si vous les utilisez frais, coupez-les en deux, retirez-en le noyau, hachez-les et intégrez-les à la pâte.

2 OU 3 PETITES PORTIONS

5 c. à soupe de yogourt au lait cru ou au soja
1 c. à soupe d'huile d'olive
5 c. à soupe de farine complète
Une pincée de sel
2 c. à soupe de miel
4 c. à soupe de pignons
6 abricots séchés prêts à manger
½ c. à soupe de sucre à glacer

Mélanger le yogourt, l'huile d'olive, la farine, le sel et 1 c. à soupe de miel pour obtenir une pâte tendre. Réfrigérer pendant 20 minutes.

Faire dorer les pignons dans une poêle et les faire refroidir dans une assiette.

Préchauffer le four à 180 ºC/350 ºF/gaz 4.

Couper les abricots en petits morceaux. Abaisser la pâte sur une surface enfarinée, formant un carré épais de 12 x 12 cm (5 x 5 po). Parsemer la pâte des abricots et des pignons et les y enfoncer. Arroser du reste du miel.

Façonner un rouleau avec la pâte et couper en six tranches. Tapisser une plaque à biscuits de papier sulfurisé et y déposer les tranches. Faire cuire au four pendant 30 minutes jusqu'à ce qu'elles soient dorées. Laisser tiédir.

Déposer les tranches dans deux ou trois petites assiettes et les saupoudrer de sucre à glacer.

TRUC: Les pignons peuvent être remplacés par des noix de macadamia, des pacanes ou des noix d'acajou, toutes hachées grossièrement.

POUR QUATRE PERSONNES: doubler les quantités et servir accompagné d'un café ou d'un thé.

Sucettes glacées aux fruits frais

Ces sucettes glacées peuvent être réalisées avec une grande variété de fruits mous utilisés seuls ou mélangés. Les fruits durs comme les pommes et les poires doivent d'abord être cuits dans un peu d'eau. Ces sucettes se conservent au congélateur pendant des semaines.

3 À 6 SUCETTES

250 g (½ lb) d'un mélange de
   fraises, de framboises et de cerises
2 à 4 c. à soupe de miel
1 c. à soupe de jus de citron

Rincer les fraises, les framboises et les cerises. Enlever le noyau des cerises.

Mixer tous les fruits au mélangeur ou au robot culinaire avec du miel, au goût, et le jus de citron.

Remplir aux trois quarts 3 à 6 moules à sucettes du mélange de fruits. Insérer le bâton dans les moules et congeler pendant plusieurs heures.

Démouler les sucettes aux fruits frais juste avant de les consommer.

TRUC: La taille et le nombre de sucettes obtenues dépendent de la taille des moules.

POUR QUATRE PERSONNES: la recette suffit à une famille si vous utilisez des petits moules. Si le mélange de fruits ne remplit pas un nombre suffisant de moules, doublez les quantités.

Petits gâteaux au nougat

Ces gâteaux sont faciles à préparer et peuvent être fourrés d'une variété de délicieux ingrédients comme des caramels anglais, des noix, des morceaux de chocolat et des petits fruits. Dans cette recette, ils sont fourrés de nougat et de fruits séchés.

POUR 3 OU 4 PERSONNES

Environ 30 g (1 oz) de nougat mou

Environ 25 g (1 oz) de mangue séchée
   ou 2 abricots séchés

5 c. à soupe de farine complète

1 c. à thé (à café) de poudre levante

Une pincée de sel

3 c. à soupe de beurre

3 c. à soupe d'œufs battus

2 ½ c. à soupe de miel liquide

Environ 3 c. à soupe de lait écrémé ou
   de soja

Préchauffer le four à 220 °C/425 °F/gaz 7.

Couper le nougat et la mangue, ou les abricots séchés, en petits morceaux.

Mélanger la farine, la poudre levante et la pincée de sel. Ajouter le nougat et les morceaux de mangue ou d'abricots.

Faire fondre le beurre. Battre l'œuf avec le miel et le lait; incorporer au beurre en remuant. Incorporer rapidement le mélange de lait au mélange de farine.

Remplir du mélange trois ou quatre petits ramequins graissés. Faire cuire au four pendant 10 minutes avant de réduire la température du four à 180 °C/350 °F/gaz 4. Laisser dorer 5 à 10 minutes de plus au four. Laisser tiédir et servir tel quel dans les ramequins.

TRUC: Le miel étant réputé meilleur pour la santé, il peut remplacer le sucre. Or, la texture des gâteaux ne sera pas aussi intéressante.

POUR QUATRE PERSONNES: doubler les quantités et servir accompagné d'un café ou d'un thé.

Des problèmes avec les produits laitiers

Si la consommation de produits laitiers entraîne une plus grande production de mucus, cuisinez plutôt des plats salés à base de produits laitiers car ceux-ci aident à l'éliminer.

Poulet grillé avec pommes frites

Ces brochettes sont aussi savoureuses accompagnées d'un peu de compote de pommes ou de canneberges (airelles).

2 PETITES PORTIONS

1 petit oignon rouge	1 ½ c. à soupe d'huile d'olive
2 brins de menthe fraîche	Une pincée de sel
2 petites pommes de terre	Une pincée de poivre
80 g (3 oz) de poitrine de poulet	6 c. à soupe de pois frais ou surgelés

Peler l'oignon et le couper en quartiers puis en deux en séparant les couches. Retirer les feuilles des tiges de menthe. Laisser entières les petites feuilles et couper les plus grosses. Peler les pommes de terre et les couper en tranches minces.

Couper le poulet en 12 petits cubes et les mélanger à 1 c. à thé (à café) d'huile d'olive, au sel et au poivre.

Embrocher les morceaux de poulet, l'oignon et les feuilles de menthe sur six petites brochettes. Hacher finement le reste de l'oignon et de la menthe.

Faire cuire les pois dans de l'eau bouillante jusqu'à ce qu'ils soient assez tendres. Égoutter et mélanger à la menthe hachée.

Faire chauffer 1 c. à soupe d'huile dans une poêle. Y disposer les tranches de pommes de terre côte à côte et faire dorer les deux côtés, en les tournant de temps à autre. Ajouter l'oignon haché et faire revenir légèrement.

Faire cuire les brochettes dans une poêle à fond cannelé ou sous le gril du four jusqu'à ce qu'elles soient bien cuites et dorées.

Disposer les pommes de terre, les pois et les brochettes sur deux petites assiettes.

Truc: Les brochettes de poulet (préparées mais crues) peuvent être conservées au réfrigérateur pendant une journée.

Pour quatre personnes: 3 petits oignons rouges, une petite poignée de menthe fraîche, 1 kg (2 lb) de pommes de terre, 300 g (10 oz) de poulet, 4 c. à soupe d'huile d'olive, 600 g (1 ½ lb) de pois.

Pommes au four à la crème d'épinards et au jambon

Pour une texture plus fine, la chair des pommes de terre peut être réduite en purée avec la crème aux épinards et ensuite remise dans la pelure des pommes de terre.

2 PETITES PORTIONS

2 petites pommes de terre au four
Une pincée de sel
1 tranche mince de jambon frais,
    sans agents de conservation
1 petit oignon

100 g (3 ½ oz) d'épinards
½ c. à soupe d'huile d'olive
2 c. à soupe de crème fraîche
    ou de crème de soja
Une pincée de sel
Une pincée de poivre

Préchauffer le four à 220 °C/425 °F/gaz 7.

Frotter les pommes de terre sous l'eau; déposer chacune sur un papier d'aluminium. Les saler et bien les emballer. Faire cuire sur une plaque à biscuits pendant 1 heure.

Couper le jambon en petites lanières. Peler et hacher l'oignon. Rincer, assécher les épinards et les hacher.

Faire chauffer l'huile dans une poêle et faire revenir l'oignon pendant 3 minutes à feu doux. Augmenter la chaleur, ajouter les épinards et les faire sauter pendant 4 minutes. Égoutter le mélange jusqu'à ce qu'il n'y ait presque plus de liquide.

Incorporer le jambon et la crème fraîche tout juste avant de servir. Assaisonner avec le sel et le poivre; réchauffer pendant quelques minutes.

Retirer les pommes de terre du four, les déballer, les couper en deux et faire des croisillons avec une fourchette sur la chair.

Déposer les pommes de terre sur deux petites assiettes et les garnir de crème aux épinards.

TRUC: Vous pouvez aussi utiliser des épinards surgelés ou les remplacer par du cresson, de la roquette ou des pois.

POUR QUATRE PERSONNES: doubler les ingrédients et servir en entrée ou comme plat d'accompagnement.

Tortillas cuites au four

Ces croustilles de maïs peuvent être préparées à l'avance et conservées au réfrigérateur jusqu'au moment de servir. Il suffit de les réchauffer au four juste avant. Le fromage à la crème peut aussi être omis.

2 PETITES PORTIONS

¼ de poivron rouge
Un brin de coriandre fraîche
1 c. à soupe d'huile d'olive
50 g (2 oz) de bœuf ou de poulet haché
½ c. à thé (à café) d'épices mexicaines
  ou à taco
2 c. à soupe de haricots rouges
  en conserve
2 c. à thé (à café) de maïs sucré
  en conserve
5 c. à soupe de ketchup ou de
  sauce tomate
1 petite tortilla tendre
4 c. à soupe de cheddar râpé
2 c. à soupe de crème sure (aigre) ou
  de yogourt au soja

Préchauffer le four à 200 °C/400 °F/gaz 6.

Rincer, épépiner et hacher le poivron rouge. Hacher la coriandre.

Faire chauffer l'huile dans une grande poêle ou un wok. Faire sauter le bœuf ou le poulet pendant 3 minutes. Ajouter le poivron rouge et le faire sauter pendant 3 minutes de plus. Incorporer les épices, les haricots, le maïs et le ketchup ou la sauce tomate. Laisser mijoter pendant 2 minutes.

Couper la tortilla en deux. Former un cône en ramenant chaque extrémité vers le centre; placer les deux cônes dans un ou deux petits plats allant au four, le pli vers le bas. Les remplir du mélange de haricots. Parsemer les tortillas de fromage et les couvrir de papier d'aluminium.

Faire cuire au four pendant 5 minutes jusqu'à ce qu'elles soient bien chaudes et que le fromage soit fondu.

Garnir de coriandre et servir dans le plat chaud ou dans de petites assiettes. Ajouter de la crème sure, au goût.

TRUC: Il est difficile de trouver du poulet émincé. Hacher le vôtre finement à l'aide d'un couteau bien affûté ou au robot culinaire en utilisant le bouton de commande intermittente.

POUR QUATRE PERSONNES: 2 poivrons rouges, 6 brins de coriandre fraîche, 3 c. à soupe d'huile d'olive, 200 g (7 oz) de bœuf ou de poulet haché, 2 c. à thé (à café) d'épices mexicaines ou à taco, 400 g (13 oz) de haricots rouges en conserve, 1 grosse boîte de maïs, 250 ml (1 tasse) de ketchup ou de sauce tomate, 7 ou 8 petites tortillas tendres, 150 g (5 oz) de cheddar râpé, 200 ml (7 oz) de crème sure (aigre).

L'odeur des aliments

L'odeur des aliments entraîne souvent la nausée chez les patients. Choisissez donc des ingrédients dont l'odeur est moins forte. Idéalement, cuisinez pendant que le patient est absent. Vous pourriez même demander à votre voisin d'utiliser sa cuisine. Il est souvent plus facile pour les patients de ne pas cuisiner pour eux-mêmes.

Ragoût de veau au cari sur pâtes

2 OU 3 PETITES PORTIONS

1 petit oignon
125 g (¼ de lb) de veau
à ragoût maigre
Une pincée de sel
Une pincée de poivre
1 c. à soupe d'huile d'olive
½ c. à soupe de cari doux
50 ml (2 oz) de vin blanc
fruité

200 ml (7 oz) de bouillon
de veau
2 petits nids de pappardelles
Environ 50 g (2 oz) de pois
frais ou surgelés
2 c. à soupe de crème fraîche
ou de crème de soja
Sel et poivre

Peler et hacher l'oignon. Couper la viande en petits cubes d'environ 1,5 cm (¾ de po); saler et poivrer.

Faire chauffer l'huile dans une petite poêle et faire dorer les cubes de viande à feu moyen. Ajouter l'oignon, saupoudrer de cari et faire revenir pendant deux minutes. Ajouter le vin et le bouillon. Porter à ébullition et réduire le feu au plus bas. Couvrir et laisser mijoter pendant 1 heure jusqu'à ce que la viande soit tendre.

Faire cuire les pappardelles dans de l'eau bouillante légèrement salée pendant 2 minutes de plus qu'indiqué sur l'emballage. Ajouter les pois 8 minutes avant la fin du temps de cuisson. Égoutter.

Ajouter la crème fraîche ou la crème de soja au ragoût, remuer un peu et laisser mijoter quelques minutes de plus. Saler et poivrer.

Répartir les pâtes et le ragoût dans deux ou trois petites assiettes ou petits bols.

Truc: Le vin peut être remplacé par du jus de pomme.

Pour quatre personnes: multiplier les quantités par trois, mais utiliser 350 g (¾ de lb) de pappardelles et 600 g (1 ¼ lb) de pois.

Mini-boulettes en sauce aux tomates fraîches

Bien que cette recette utilise une sauce aux tomates fraîches, vous pouvez utiliser une sauce tomate du commerce.

2 PETITES PORTIONS

2 pommes de terre
Sel et poivre
Un brin de basilic frais
¼ de tranche de pain complet
50 g (2 oz) de veau ou de bœuf haché finement
1 ½ c. à soupe d'œuf battu
1 c. à soupe d'huile d'olive
2 branches de céleri
1 petit oignon
2 tomates

Peler les pommes de terre et les couper en morceaux. Les faire cuire dans une petite casserole dans un peu d'eau légèrement salée pendant 15 à 20 minutes. Égoutter.

Retirer les feuilles de basilic de leur tige et réserver. Hacher la tige finement.

Mixer le pain avec la moitié de la tige de basilic hachée au mélangeur ou au robot culinaire pour obtenir de la chapelure. Mélanger la viande hachée à la moitié du mélange de chapelure, du sel et du poivre, et 1 c. à soupe d'œuf battu. Diviser en six portions et en façonner des boulettes.

Faire chauffer ½ c. à soupe d'huile dans une petite poêle et faire dorer les boulettes pendant environ 10 minutes.

Rincer le céleri. Hacher très finement la moitié d'une des branches. Trancher le reste en fines lanières. Mettre les lanières dans une casserole d'eau bouillante légèrement salée et faire cuire pendant environ 10 minutes. Égoutter.

Peler et hacher l'oignon. Rincer les tomates et les hacher.

Faire chauffer ½ c. à soupe d'huile dans une poêle. Faire revenir l'oignon, le céleri haché et le reste de la tige de basilic pendant 3 minutes à feu moyen. Ajouter les tomates, du sel et du poivre; faire revenir 2 minutes de plus. Ajouter 5 c. à soupe d'eau, le reste du mélange de pain et les boulettes. Laisser mijoter 5 minutes. Rectifier l'assaisonnement.

Piler les pommes de terre dans la casserole. Remettre sur le feu et incorporer le reste de l'œuf. Faire chauffer pendant quelques minutes; saler et poivrer, au goût.

Répartir la purée de pommes de terre, le céleri et les mini-boulettes avec la sauce dans deux petites assiettes. Déchiqueter les feuilles de basilic et en garnir les assiettes.

TRUC: Le céleri est aussi un délicieux plat d'accompagnement. Il peut être remplacé par du fenouil.

POUR QUATRE PERSONNES: 1 kg (2 lb) de pommes de terre, 1 tranche de pain complet, 3 brins de basilic frais; 300 g (10 oz) de viande hachée, 1 œuf, 1 céleri complet, 2 oignons, 4 tomates, 3 à 4 c. à soupe d'huile d'olive. Utilisez les trois quarts de l'œuf pour les boulettes, le reste pour la purée de pommes de terre et 1 branche de céleri pour la sauce.

Ananas frit

De l'ananas frais ou en conserve peut être utilisé dans cette recette. Parce que l'ananas en conserve est déjà sucré, le miel peut être omis.

2 PETITES PORTIONS

½ c. à soupe de graines de tournesol écalées
1 tranche d'ananas frais ou en conserve
Une petite noix de beurre ou un trait d'huile d'olive
½ c. à soupe de miel (facultatif)
2 boules de crème glacée à la vanille

Faire griller les graines de tournesol dans une poêle à feu vif pendant quelques minutes en remuant continuellement. Les glisser dans une assiette et les laisser tiédir.

Couper l'ananas en deux tranches minces.

Faire fondre le beurre dans une poêle et faire sauter pendant 2 minutes de chaque côté à feu moyen. S'il s'agit d'ananas frais, ajouter le miel et le laisser fondre.

Disposer l'ananas dans deux petites assiettes. Déposer une boule de crème glacée au centre de l'assiette et garnir de graines de tournesol.

TRUC: Des tranches de pomme pelée peuvent être apprêtées sensiblement de la même façon que l'ananas.

POUR QUATRE PERSONNES: multiplier les quantités par quatre et servir comme dessert.

Les arachides: à proscrire

Les graines et les noix apportent beaucoup de bienfaits. Or, dans le cas de recettes qui comportent des noix mélangées, choisissez un mélange sans arachides, qui ne sont pas recommandées pour les gens atteints d'un cancer.

Beignets de pommes

Les beignets sont souvent faciles à manger. Essayez aussi des bananes, des abricots et de l'ananas. Le fruit choisi ne doit pas être trop juteux et sa chair doit être ferme.

2 PETITES PORTIONS

1 pomme	Une pincée de sel
1 c. à soupe d'amandes mondées	Huile d'olive douce
25 g (2 c. à soupe) de farine complète	2 boules de sorbet à la pomme ou au citron
½ œuf, battu	1 c. à thé (à café) de sucre à glacer

Peler la pomme, en retirer le cœur et la couper en six quartiers. Hacher les amandes.

Mélanger délicatement la farine avec l'œuf, 750 ml (3 tasses) d'eau froide, une pincée de sel et les amandes.

Faire chauffer environ 4 cm (1 ½ po) d'huile d'olive à 160 °C/325 °F. Testez la température avec un thermomètre ou en faisant frire un morceau de pain qui, si l'huile a atteint la bonne température, sera doré en 1 minute environ.

Tremper les quartiers de pomme dans la pâte et les déposer dans l'huile immédiatement. Laisser frire pendant 3 à 4 minutes jusqu'à ce qu'ils soient bien dorés. Les retirer de l'huile et les laisser égoutter sur du papier absorbant.

Placer les boules de sorbet à la pomme ou au citron dans deux ou trois petites assiettes. Poser les beignets sur le sorbet et saupoudrer de sucre à glacer.

TRUC: Le sorbet à la pomme est souvent difficile à trouver. Il peut être remplacé par un autre type de sorbet ou par de la crème glacée.

POUR QUATRE PERSONNES: multiplier les quantités par quatre et servir comme dessert.

Pouding au riz

Ce pouding est tout aussi délicieux servi froid. En refroidissant, il sera plus épais. Il peut être allongé avec un peu plus de lait ou de crème. Accompagnez-le de noix hachées.

2 PETITES PORTIONS

200 ml (7 oz) de lait écrémé ou de soja

5 c. à soupe de crème à fouetter ou de crème de soja

2 c. à soupe de riz à dessert à cuisson rapide

½ à 1 c. à soupe de miel

3 c. à soupe de jus de baies épais

2 tiges de groseilles (facultatif)

Porter le lait, la crème, le riz et le miel à ébullition dans une petite casserole. Réduire le feu au minimum et laisser mijoter jusqu'à ce que le riz soit tendre et crémeux, en remuant de temps à autre (suivre le temps de cuisson indiqué sur l'emballage).

Répartir dans deux petits bols. Verser le jus de baies sur le dessus et servir chaud. Présenter les groseilles rincées comme accompagnement.

TRUC: À défaut de jus de baies, de la confiture pur fruit peut être utilisée.

POUR QUATRE PERSONNES: multiplier les quantités par quatre et servir comme dessert.

Pain perdu aux fruits rouges

Le pain perdu peut aussi être accompagné d'une salade de fruits de saison.

2 PETITES PORTIONS

4 c. à soupe d'une combinaison
   de fruits rouges frais ou
   surgelés, comme des baies ou
   des cerises
1 c. à thé (à café) de miel
1 œuf
1 ½ c. à soupe de sucre vanillé
Une pincée de sel
1 tranche de pain complet léger
Une petite noix de beurre ou un
   trait d'huile d'olive

Rincer les fruits ou les laisser décongeler. Mélanger les fruits et le miel.

Battre l'œuf avec 1 c. à thé (à café) de sucre vanillé et le sel, jusqu'à ce qu'ils soient dissous.

Couper la tranche de pain en quatre, en diagonale.

Faire fondre le beurre ou chauffer l'huile dans une petite poêle. Tremper les morceaux de pain dans le mélange d'œuf et faire dorer les deux côtés.

Disposer le pain perdu dans deux petites assiettes. Garnir de fruits et saupoudrer du reste de sucre vanillé.

TRUC: Le pain perdu est habituellement sucré, mais il existe aussi en variante salée. Dans ce cas, le sucre est omis et des fines herbes et du poivre sont ajoutés au mélange d'œuf. Lorsque le pain est presque entièrement cuit, il peut être parsemé de fromage râpé qui fond facilement.

POUR QUATRE PERSONNES: multiplier les quantités par quatre, mais n'utiliser que 2 œufs. Servir comme gâterie pour le petit-déjeuner.

Le partage des repas

Les repas sont plus agréables pour les patients lorsqu'ils sont partagés. Or, ne soyez pas étonné qu'ils perdent leur appétit en voyant des portions de nourriture normales dans l'assiette des autres convives.

Index